子どもの数学的な
見方・考え方が働く算数授業

3年

全国算数授業研究会
（企画・編集）

3

はじめに

　いよいよ新しい学習指導要領が実施される。教育課程が変わるということは教育理念自体が変わるということであり，これまで行ってきた授業を変えなければならないということを意味する。

　算数科では，数学的な見方・考え方を働かせ，数学的活動を通して数学的に考える資質・能力を育成することを目標とした授業の実現が求められている。この中で特に意識すべきことは，目標の書き出しに見られる「数学的な見方・考え方を働かせ」という表現である。「数学的な見方・考え方」は，算数科の目標を実現するための前提として示された新たなキーワードである。算数科の目標は全ての子どもを対象としているということから考えると，子どもたち全員が「数学的な見方・考え方」を働かせられるような算数授業が求められている。つまり，「数学的な見方・考え方」を働かせるのは一部の算数好きで数学的なセンスを持ち合わせた子どもというわけではない。決して一部の子どもだけが「数学的な見方・考え方」を働かせるような算数授業であってはならないわけである。では，目の前にいる一般的な子どもが働かせる「数学的な見方・考え方」を大事にした算数授業とは，一体どのような授業なのであろうか。本書では，その疑問に対する答えを示すために，第1学年から第6学年までの全単元の算数授業における子どもの「数学的な見方・考え方」が働く授業の具体に迫ってみた。

　ただ，予めはっきりしているのは，「数学的な見方・考え方」を働かせている子どもの姿は決して特殊な子どもの姿や特別な子どもの姿ではないということである。どこの教室でも普通に見られる子どもの自然な姿の中に「数学的な見方・考え方」を働かせる子どもの姿が存在していると捉えなければならない。我々教師はそのような「数学的な見方・考え方」を働かせている子どもの具体的な姿を把握し，それを引き出す手立てを講じることができれば，

算数授業の中で意図的に評価し，価値づけることもできるわけである。

　全国算数授業研究会は，これまで「授業を見て語り合う」ことを大事にし，子ども目線から算数授業の在り方を追求してきた。毎日の算数授業で子どもと正面から向き合い，より良い算数授業を求めて真剣に切磋琢磨する授業人による授業人のための研究を蓄積してきたのである。だから，我々は「数学的な見方・考え方」を働かせる子どもの具体的な姿をもっとも身近で見てきたとも言える。そこで，本書では「数学的な見方・考え方とは何か」という概念の整理や抽象化をねらうのではなく，学校現場で日々の算数授業を行う授業人が「数学的な見方・考え方」を働かせている具体的な子どもの姿を共有することを目的とした。その具体を理解し把握できたならば，たとえ初任者の教師であっても目の前にいる子どもの行動や姿の中から「数学的な見方・考え方」として価値あるものを見出すことができるし，価値づけることができるからである。

　なお，本シリーズで紹介した授業実践では，副題にもあるように「どんな姿を引き出すの？」，「どうやって引き出すの？」という2つの視点からポイントを示し，その後で具体的な授業展開を述べている。そこでは教師や子どものイラストを用いて，「数学的な見方・考え方」が発露する対話の具体的なイメージが持てるように配慮した。また，それぞれの「数学的な見方・考え方」を働かせる子どもの姿は，その授業を実践された先生方の子どもの見取りの結果を示しているものでもある。当該の算数授業において，教師が子どものどういうところに着目して授業を構成しているのかということも見えてくるので，多くの先生方にとっても参考になるはずである。

　本書が新学習指導要領で求められる算数授業の実現を目指す先生方にとってお役に立てたならば幸甚である。

全国算数授業研究会 会長　山本良和

子どもの数学的な見方・考え方を引き出す算数授業

3年

目次

Contents

本書の見方

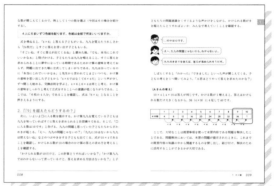

a

どのような見方・考え方を引き出すか

本時で引き出したい数学的な見方・考え方
を記載しています。複数ある場合は，特に
本時の中心となるものに★マークを付けて
います。

b

どのように見方・考え方を引き出すか

数学的な見方・考え方を引き出すための手
立てを簡単に紹介し，本時の概略と教材の
意図を提示しています。

c

本時の流れ

見方・考え方を引き出すためにどのように
授業を展開していくのかを，子どもの姿や
やり取りに焦点を当て詳述しています。見
方・考え方が引き出されている子どもの姿
やそのための手立てについては，吹き出し
やイラストにしています。

子どもの数学的な
見方・考え方が働く算数授業　3年

かけ算

宮崎県宮崎市立檍北小学校　小出水公宏

■ 本時のねらい

　10の段の九九を，乗法の意味や乗法のきまりや性質を用いて考え構成することができる。

■ 本時の問題

> 4人に10まいずつ色紙を配ります。色紙は全部で何まいいりますか。

■ どのような見方・考え方を引き出すか

　10の段の答えを，累加の考え方やかけ算九九のきまりを用いて，さまざまな方法で考えること。

■ どのように見方・考え方を引き出すか

　まず，前時までの内容を振り返り，次の九九の性質を確認しておく。

①かける数が1増えると，答えはかけられる数だけ大きくなる。

②かける数が1減ると，答えはかけられる数だけ小さくなる。

③かけられる数とかける数を入れかえても，答えは同じになる。

④かけ算では，かけられる数を分けて計算しても，答えは同じになる。

⑤かけ算では，かける数を分けて計算しても，答えは同じになる。

　ここでは，子どもたちに，「△人に□枚ずつ色紙を配ります……」と問題を提示し，子どもの意見をもとに数を決め問題を解かせる。1～9の場合，式が九九で簡単に答えが求められることから称賛し自信を持たせる。その後，□が10であることを確認する。九九の範囲を超え10の段に出合ったとき，「九九にないからわからない」ではなく，上記の九九のきまりを使うと答えがわかるのではないかと考え，さまざまな解決方法を引き出す。

■ **本時の流れ**

1.「九九のきまりを思い出そう」

　本単元の前半で確認しているかけ算九九の性質は左のページ①～⑤である。

①②については，九九の表を活用し確認する。例えば，

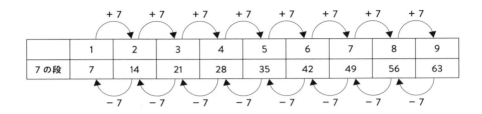

　③については，右のような見方で確認
できることを確認する。

　④⑤については，下の式のように数を
分解して学習したことを確認する。

	1	**2**	**3**
1	1	2	3
2	2	4	⑥
3	3	⑥	9

⑧× 6 ＜ ⑤×⑥= 30 / ③×⑥= 18
合わせて 8 × 6 = 48

8 ×⑥ ＜ ⑧×②= 16 / ⑧×④= 32
合わせて 8 × 6 = 48

　復習をする際は，式だけでなく，前時までに活用した九九の表や図などを
再度活用し視覚的に捉えられるようにすることが大切である。また，そのこ
とがこの後の学習に生かされることから掲示などをしておくとよい。

　前時までの学習内容を確認したら，本時の問題を提示する。

> 　4人に□まいずつ色紙を配ります。色紙は全部で何まいいりますか。

　子どもたちからは，「□に入る数は何ですか？」といった声が出てくる。子
どもの自由に数を予想させる。九九の学習であることから1～9のさまざ

な数が聞こえてくるので，例として１つの数を選ぶ（今回は６の場合を紹介する）。

> ４人に６まいずつ色紙を配ります。色紙は全部で何まいいりますか。

　式を尋ねると，「４×６」と答える子どもがいる。九九を覚えたうれしさから「24枚だ」とすぐに答えを言い出す子どももいる。

　「すごいね，すぐに答えが出てくるね」と褒めた後，「でも，本当にこれでいいかなぁ」と投げかける。子どもたちは九九を唱えること，すぐに答えを求められることに夢中になっている時期であるためかけ算の意味を考えておらず，問題に出てきた順に立式してしまいがちである。九九は合っているのに「本当にこれでいいかなぁ」と先生から言われてとまどいつつも，かけ算の意味を思い出した子どもから「４×６ではなくて６×４だ」という声が少しずつ聞こえ始める。交換法則を学ぶと，４×６と６×４は同じと考え，かけ算の意味をしっかりと考えて立式をすることへの意識が低くなりがちである。ここでは，「６枚の４人分」であることを確認し，式は「６×４」となることを押さえるようにする。

2.「『9』を超えたらどうするの？」

　次に，いよいよ□に入る数を提示する。かけ算九九を覚えている子どもは九九を知っていればすぐに答えを求められると自信満々である。そこで，「□に入る数は10です」と告げる。九九の問題と思っていた子どもたちからざわめきが起こる。「え～，九九の問題じゃないの？」「九九に10はないから九九は使えないね」などのつぶやきをする子どもも出てくる。式が10×4であることを確認し，かけられる数が10の場合のかけ算の答えの求め方を考えることを確認する。

　「かけられる数が10だけど，この計算どうすればいいかな？」「かけ算九九ではわからないって言っているけど，答えを求める方法はないかな？」と子

どもたちの問題意識をくすぐるような声かけをしながら，かけられる数が9を超えたらどうすればよいか，みんなで考えていくことを確認する。

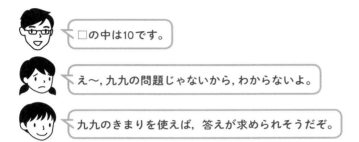

□の中は10です。

え〜，九九の問題じゃないから，わからないよ。

九九のきまりを使えば，答えが求められそうだぞ。

しばらくすると「わかった」「できました」といった声が聞こえてくる。子どもの考えを1つ聞いてみよう。「A君はどうやって答えを求めたのかな？」

〈Aさんの考え〉

10×4と4×10は答えが同じです。かける数が1増えると，答えはかけられる数だけ大きくなるから，36（4×9）に4足して40です。

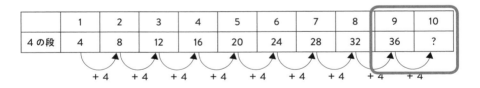

	1	2	3	4	5	6	7	8	9	10
4の段	4	8	12	16	20	24	28	32	36	?

+4　+4　+4　+4　+4　+4　+4　+4　+4

ここで，大切なことは既習事項を使って未習内容である問題を解決したことである。問題解決においては，未習の問題が提示されたときに，これまでの既習内容の知識の中から関連するものを探し出し，結び付け，解決のために活用することができるかが大切である。

かける数が1増えると，答えはかけられる数だけ大きくなるから……。

前に習った九九のきまりを使って問題を解いたんだね。
他にもきまりがあったけど，使えるものはないかな?

　解決の糸口が導入時に確認したさまざまなきまりにあるのではないかと気付いた子どもたちは，①〜⑤のきまりを再度確認し，今回の問題と照らし合わせて他のきまりの中にも使えるものがあるのではないかと考え始める。

〈Bさんの考え〉

10が4つだから40（10＋10＋10＋10＝40）です。

この考えは，かけ算のどのきまりを使ったの?

③のかけられる数とかける数を入れかえても，
答えは同じになる，です。

〈Cさんの考え〉

④を使うと，10を2と8に分けて，4×2＝8と4×8＝32の答えを合わせて8＋32で40です。

$$⑩ × 4 \left\langle \begin{array}{l} ②×\boxed{4}=\ 8 \\ ⑧×\boxed{4}=32 \end{array} \right.$$

合わせて 10 × 4 = 40

　この考え方は分配法則につながる考え方であり，理解するのに時間のかかる子どもが多いため，丁寧に扱うようにしておきたい。

　これ以外にも今回のきまりにはないが「4を10回足して40です」といっ

た考えも出てくることが予想される。このような場合でも，既習の学習を活用し解決したことを学級全体で確認し，認めてあげることが大切である。この後，答えが40枚であることと解決方法が複数あることを確認する。

3. 「九九の表で確認してみよう」

九九の表を使って10の段を確認するとともに，九九の表の面白さに気付かせる。

	1	2	3	4	5	6	7	8	9	10
1										≈
②				⑧						
3	3	6	9	12	15	18	21	24	27	
4										
5	5	10	15	20	25	30	35	40	45	
6										
7	7	14	21	28	35	42	49	56	63	
⑧				㉜						
9										
⑩	10	20	30	㊵	50	60	70	80	90	
11										

2倍

④の考え方を九九の表で確認していくと，（3の段の答え）＋（7の段の答え）＝(10の段の答え) となっていることに気付く。子どもからは「5の段を2倍すればいい」といった声も聞こえてくる。視覚的に表で確認すると理解しやすく，さらに「11の段の答えもすぐわかるよ」といった声も子どもたちから出てきた。そこで，「どうして11の段もできると思ったの？」と聞くと，「4の段と7の段を足せばいいから」「8と3でもいいよ」「12でも13でも簡単にできるね」など考えを広げる意見が多く聞かれた。九九の表を見直す中で，これらの気付きを通して子ども自らが九九を10，11，……と広げていこうとする授業を展開していくことが大切である。

2

時刻と時間

長野県長野市立大豆島小学校　宮澤幸一

■ **本時のねらい**

　時刻と時間に関わる算数的活動を通して，日常生活に必要な時刻や時間を求めること。

■ **本時の問題**

> A　あきらさんたちは，8時40分に公園を出て，9時15分に図書館に着きました。
>
> かかった時間はどれだけですか。
>
> B　図書館の開いている時間はどれだけですか。
>
> 開く時こく…午前9時
>
> しまる時こく…午後5時30分

■ **どのような見方・考え方を引き出すか**

　時間を，5とびで数えたり，10分間（15分間，20分間，30分間）のまとまりを見つけて合わせたり，「12」を境にして，右側と左側の時間に分け，それらを合わせたり，長い針が反対側まで進むと1時間の半分で30分間になることに着目したりして，工夫して計算で出せること。

■ **どのように見方・考え方を引き出すか**

　まとまりに注目させて… 子どもたちは，1年生で時計の読み方（1分刻み）を学び，2年生で時刻と時間の概念を知り，ごく簡単な場合の時刻や時間を求める経験をしている。日常生活，特に学校生活においても時計を見て，時刻で行動をすることは多いが，具体的に時間を意識し，考察することは少ない。目に見えにくい抽象的な量である時間を，長さやかさと同じ連続量と

して捉え，計算で求められるようにする。そのために，文字盤と数直線のイメージをつなげ，連続量としての時間を分割したり，数えやすいまとまりを意識して求めることにより，考察を深めさせたい。

効果的な場面提示を…時間の流れや時刻と時刻の間が時間であること，時間が増加する様子をイメージしやすいよう，提示する。

「どんなまとまりが見えたのかな？」「どこで分けたってこと？」と問い，既習のかけ算（5の倍数や10の倍数のイメージ）や，「12」を境にして左右の時間を求め，それらを合わせること，15，20，30のまとまりを見つけることを話題にする。

■ 本 時 の 流 れ

1. 「問題Aの時間を求めよう」

> 問題A
> あきらさんたちは，8時40分に公園を出て，9時15分に図書館に着きました。かかった時間はどれだけですか。

①問題文を提示し，場面を確認する。

まず提示するのは文字盤だけにした。ここでは，数直線に表すことによる量としての時間の見やすさと，途中の正時を境にして時間を分割してから合わせる考え方を引き出したいのであるが，初めから教師が全てのやり方を提示してしまうと，なんとなく見てしまい，有効性に気が付かないことがある。クラス全体で対話をしていく中で文字盤と数直線とのつながりや正時で時間を分割するなどのよさを感じさせようとした。

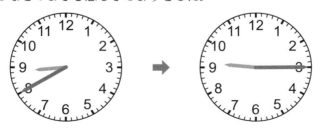

本時ではＩＣＴを利用して，アニメーションで長針を動かし，時間の流れをイメージさせた。

8時40分から9時15分までの時間を求めればいいんだね。文字盤が丸まっていて，見にくくないかな？

大丈夫だよ。「5，10，15……」って5とびで数えれば，数えられるよ。

数の線でやったみたいに，真っすぐにしたら見やすいんじゃない？

どういうことかわかる？

このやりとりのあと，下のような数直線を提示し，個人追究をした。

8時40分から，9時15分までの時間は何分間ですか。

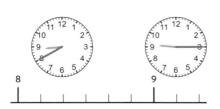

8時40分から，9時15分までの時間は何分間ですか。

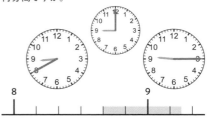

なお，この数直線もＩＣＴで時計の針と連動させて時間が増えていく様子をアニメーションで提示した。

②共同追究する。

5とびで数えて，35分間になりました。

途中まで10，20，30って数えて，あと5分あるから，全部で35分になりました。

なるほど，10のまとまりが見えたんだね。

時計を見て，12時のところで分けて，20分（間）と15分（間）で35分間になったよ。

○○君が言っているのは，どこで分けたってこと？

（この文字盤を提示する）

9時ちょうど。

縦半分。

8時40分から長い針が半分回ったら30分（間）で，あと5分（間）あるから，35分間。

○○君が言っているのは，どこで分けたってこと？

（この文字盤を提示する）

9時10分。

長い針が反対までいったところ。

以上のやりとりを通して，時間を求めるときには，全体の中から計算しやすいまとまりを見つけて分割してから，それらを合わせて計算すればよいという考え方に気付くことができた。わかりやすいまとまりとしては，5，10，15，20，30，そして「12」のところで分けるなど，時計の文字盤の見やすさについても気付くことができた。

2.「問題Bの時間を求めよう」

問題B
図書館の開いている時間はどれだけですか。　開く時刻…午前9時
　　　　　　　　　　　　　　　　　　　　閉まる時刻…午後5時30分

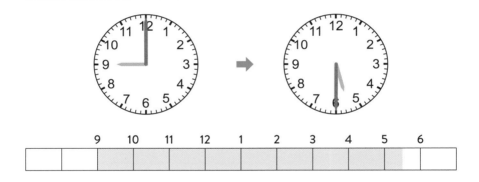

　この問題も同様に文字盤と数直線を提示し，個人追究に入った。今度は短針の動きが大きくなり，やや戸惑っていたが，正午で分けることにより，午前の3時間と午後の5時間30分を合わせて8時間30分になることを理解し，数直線でも3時間と5時間30分の合計になることを確認した。

　その後，言葉でのまとめ，練習問題をし，本時を終えた。

3. 時刻と時間の難しさ

子どもたちには「時間」はイメージしにくい量である。目に見えにくい量である上に変則的な60進数であることや，時計の文字盤では「12」を「0」と見なければならない場合があることなどがその理由であろう。

さらに，時刻の呼称についても紛らわしい部分がある。午前は「0時」から始まるのに対して，午後は「1時」から始まると明治の初めに決められているそうである（下図参照）。しかし，教科書の説明図では「正午（午前12時）」を過ぎてからは「午後」という表記になっており，その点では「午後0時〇〇分」を容認しているようにも思える。問題作成時の数値設定に留意したい。

なお，「昼の12時30分を別の言い方で表すと？」というような問いかけを6年生で行うと，子どもたちはそれまでの経験から

「午後0時30分」

「午前12時30分？」

「12時半」

「正午の30分後」などと面白い反応が返ってくる。

さらに右図の，明治5年の太政官達（だじょうかんたっし）の時刻表を紹介し，当時の人が表のように決めた理由を想像するのも面白い。

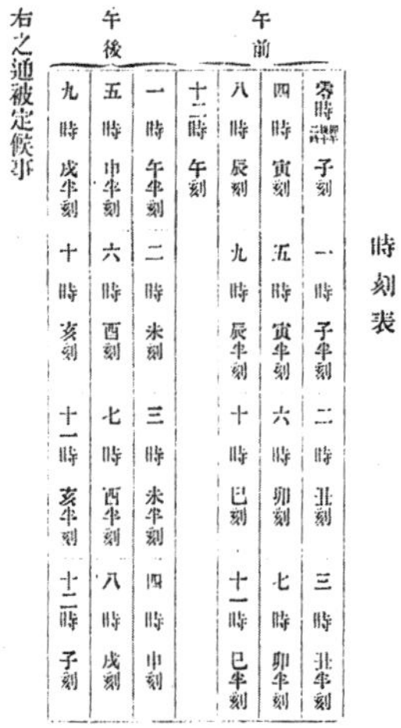

時刻表

午前
零時 子刻
一時 子半刻
二時 丑刻
三時 丑半刻
四時 寅刻
五時 寅半刻
六時 卯刻
七時 卯半刻
八時 辰刻
九時 辰半刻
十時 巳刻
十一時 巳半刻
十二時 午刻

午後
一時 午半刻
二時 未刻
三時 未半刻
四時 申刻
五時 申半刻
六時 酉刻
七時 酉半刻
八時 戌刻
九時 戌半刻
十時 亥刻
十一時 亥半刻
十二時 子刻

右之通被定候事

出典：国立国会図書館デジタルコレクション法規分類大全［第2］

3 わり算

筑波大学附属小学校　森本隆史

■ 本時のねらい

12÷3＝4の式の意味になるように，12個のあめを分けることを通して，等分除と包含除の分け方はどちらも同じ式で表すことができることを理解する。

■ 本時の問題

> 右の図のような12このあめがあります。
> この図を見て「12÷3＝4」の式に
> なるように問題をつくりましょう。

■ どのような見方・考え方を引き出すか

等分除と包含除の意味を理解するために，等分除の操作と包含除の操作のどちらも同じ式で表すことができるという見方・考え方を引き出すこと。

■ どのように見方・考え方を引き出すか

本時では12÷3＝4の式になる問題をつくり，「12個のあめを3人で同じ数ずつ分ける等分除」と「12個のあめを3個ずつ分ける包含除」がどちらも同じ式で表すことができることを学ぶ。しかし，「12÷3＝4になる問題をつくりましょう」と言っても，子どもたちがつくる問題はバラバラになってしまう。そこで，上の図のように4つの味のあめが縦にそれぞれ3個ずつ並んだ図を子どもたちに見せ，「12÷3＝4の式になるように問題をつくりましょう」と言う。縦に同じ味が並んでいるので，「12個のあめを3個ずつ分けると何人に分けることができるでしょう」という包含除の問題をつくる子どもが多くなる。等分除の問題をつくっている子どもがいなければ，「この問題だと，同じ味のあめばかり食べることになるね」と言って，子どもたちの日常

生活とつなげるようにする。そうすると「同じ味ばかりにならないように，横に分けていくといいよ」などの言葉が出てくるはずなので，その言葉を共有するようにする。そして，等分除へとつなげていき，子どもたちが包含除と等分除のどちらの見方・考え方も同じ式で表すことができるようにしていく。

■ 本時の流れ

1.「12÷3がわかるように図の中に線を引いてみよう」

　子どもたちは前の時間までに，等分除と包含除をそれぞれ学んできている。本時は等分除と包含除を統合していく時間である。

　12個のあめを3人に等しく分けるという等分除の操作では，まず1人に1個ずつ配るとあめが3個必要になり，さらに1個ずつあめを配るともう3個必要になる。これを4回繰り返すと12個のあめを配り終えることができる。この操作は，12個のあめを3個ずつ配るという包含除の操作と統合することができる。

　授業の導入では，子どもたちに「3」という数が印象に残るようにするために，図をいきなり見せるのではなく，紙で隠しながら見せる。

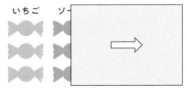

　「あめがあります。全部でいくつあるかな？」と言いながら，右のように少しずつずらして，あめを見せていく。こうすると，子どもたちには，3個ずつのまとまりが見えやすくなる。この提示をすることで，子どもが問題をつくるとき，包含除のイメージが強くなる。

　全部が見えたところであめが12個であることを確認し「あめが12個あります。図を見て12÷3＝4の式になるように，問題をつくりましょう」と板書する。まずは，包含除の見方・考え方を子どもたちから引き出したいので，**「12÷3がわかるように図の中に線を引いてみてね」**と子どもたちに言う。

12÷3がわかるように，
図の中に線を引いてみよう。

 簡単だよ。こう引けばいいよ。

　同じ味のあめの味を縦に並べていること，図を子どもたちに見せるときに3個ずつ順番に見えるようにすること。この2つは包含除の見方・考え方を引き出すポイントである。ほとんどの子どもたち

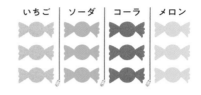

は縦に分けるように線を引いていく。上のように分けた子どもを意図的に指名して，前で線を引かせる。

　このように「分ける」ことは，算数の学習ではとても大切な活動の一つといえる。分けることによって，見えなかったものが見えてくるからである。この場合は，分けることによって，「3」が見えるようになると同時に，「4」も見えてくる。全員で3個ずつに分ける線の引き方を見て，「この図を見て，12÷3＝4になる問題をみんなでつくってみよう」と呼びかける。問題文をつくることに慣れていない子どもがいる場合は，「12個のあめがあります……」と書き，この続きを書くように促す。

　子どもたちが問題文をつくり終わったところで，発表してもらう。

　A　12個のあめがあります。
　　　3個ずつ分けると何人に分けることができるでしょうか。

　多くの子どもがこのような包含除の問題をつくることができるはずである。
　「ぼくも同じ問題をつくった」「答えは4人だよ」などと子どもたちが話したところで，図の中にある「3」や「4」と，問題や答えに出てくる「3」

や「4」をつなげることも忘れてはいけない。そのときに，マグネットを使って3個ずつ4人に分けるという操作も大切にしたい。

　本時では，包含除と等分除を統合していきたいという教師の思いがある。つまり，子どもたちに「包含除も等分除も同じ式で表すことができるね」と思わせたいのである。

　このように授業全体のことを考えたとき，子どもたちが包含除の問題をつくることができたこの後の展開が重要となる。だから，こういう場面では，子どもたちが何かを言えるような時間を意識してつくるとよい。ここで，「ぼくは違う線の引き方をしたよ」という声が聞こえてくれば，その子どもがどのような線を引いているのかを確認したい。下図のように線を横に引いているようであれば，等分除へとつなげることができる。しかし，ここで子どもたちが都合よく等分除の線の引き方を発表してくれるとは限らない。

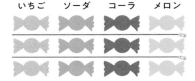

いちご　ソーダ　コーラ　メロン

2.「同じ味のあめばかり食べることになるね」

　子どもから等分除の見方・考え方が出てこない場合は，「この問題だと，同じ味のあめばかり食べることになるね」と言う。同じ味は縦に並んでいる。「同じ」と言うことによって，「違う」味に子どもたちの視点を切り替えるためである。先程の包含除の図と問題だと，同じ数のあめを分けてもらってはいるが，4人のそれぞれの子どもがいちご味，ソーダ味，コーラ味，メロン味しかもらえない。子どもたちの日常生活で考えると，同じ味しかもらえない場面はあまりないはずである。

　「確かに同じ味ばかりはいやだな」「他の味も欲しいよね」
という子どもたちの言葉が出てくれば，みんなで日頃のことを考える。そうすることで，子どもたちの見方は，縦の見方から横の見方へとシフトしていくはずである。

同じ味のあめばかり
食べることになるね。

他の味も欲しいよね。

そうだ。横に分けるといいと思うよ。

横に分けるという見方ができた子どもたちとは別に，次のように迷う子どもが出てくることが予想される。

「横に分けると，3個ずつじゃなくて，4個ずつになると思うよ」

「でも4個ずつに分けると12÷4＝3になるよ」

子どもの困り具合，わからなさにはとことん付き合うべきである。子どもたちが困っているところには，算数で大切にする見方・考え方が大いに関係している

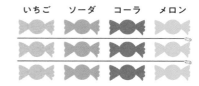

からである。この場面でこのような発言をする子どもは包含除の見方だけをしている。そこで，

「そうだね。でも，12÷3＝4の式に合うお話をつくっているよね。

この図の中に12÷3の3はないのかな？」

と，子どもたちに問いかける。すると，この図の中には見えていなかった人の存在が見えてくる。

「3個ずつじゃなくて，3人の3だ」

と子どもたちがそう言ったところで，

「この図を見て，12÷3＝4になる問題をみんなでつくってみよう」

と再び呼びかける。すると，

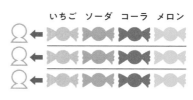

> B　あめが12個あります。3人に同じ数ずつ分けると1人何個もらえるでしょうか。

という等分除の問題が出てくる。

A の問題と B の問題のあめの
配り方は同じだった？
同じじゃなかった？

3個ずつ配るのと，3人に
同じ数ずつ配るのは，
同じ配り方になった。

線の引き方は違ったけど，
配るときは同じになるね。

3. 「同じだった？　それとも同じじゃなかった？」

　先程の包含除と同様に，答えを出すためにマグネットを操作する。ここで子どもたちがどのマグネットを取って 3 人に配るのかが大事である。

　「3 人にあめを配るとき，どの 3 個から配るといいかな？」

　と，子どもたちに問いかける。「いちご・ソーダ・コーラ」の 3 つを取る子どももいるだろうが，この 3 つを配ると 3 人に配る味がバラバラになる。3 人にあめの味を均等に配るためには，「いちご・いちご・いちご」の 3 つを最初に配るとよいことを子どもたちは話すだろう。次にどの 3 個を取って配るとよいか，同様に考えさせる。すると「ソーダ・ソーダ・ソーダ」の 3 個を取るはずである。コーラ，メロンも同じである。ここで，子どもたちに，包含除のときと等分除のときでは操作が同じであったことに気付かせたい。

　「2 つの問題ができたね。さっきの問題と今の問題は，

　マグネットの動かし方は同じだった？　それとも同じじゃなかった？」。

　「A と B の問題は違うけど，動かし方は同じだったよ」。

　このようにしていくと，等分除と包含除の意味を理解しつつ，それぞれのわり算を統合していくことができる。

4

たし算とひき算の筆算

熊本県熊本市立画図小学校　林田晋

■ 本時のねらい

3桁＋3桁の筆算で一の位から十の位へ，十の位から百の位へ，百の位から千の位へ繰り上がる計算の仕方を理解し，その計算ができる。

■ 本時の問題

> □□□＋□□□＝1624になるよう□の中に数字を入れよう。

■ どのような見方・考え方を引き出すか

3桁＋3桁のたし算の筆算の繰り上がりは，十の位が10を超えると百の位へ繰り上がった学習を踏まえ，百の位が10を超える場合についての考え方を引き出すこと。

■ どのように見方・考え方を引き出すか

まず□□□＋□□□＝624の筆算を見せ，ペアで□の中に数字を入れて完成させる。子どもたちが考えたいくつかの式を提示し計算が合っているのか全体で確認をする。繰り上がりがない場合と，ある場合があることも確認し，繰り上がりの仕方だけでなく繰り上がりの回数の話題にも触れる。繰り上がりが3回あるたし算の筆算を解いてみたいという意欲につなげる。

次に□□□＋□□□＝1624の筆算を見せる。すると，前の問題と千の位だけが違うことに気付き，千の位に注意が集まる。そこで，百の位にどんな数が入るかを話し合わせる。子どもたちからは百の位の被加数と加数の和が16になる場合と15になる2種類の場合があることが出る。そこを，具体的な数を入れながら丁寧に扱うことで百の位から千の位への繰り上がりについての話題につなげる。百の位から千の位への繰り上がりも，既習事項の十の位か

ら百の位への繰り上がりと同じようにできることを引き出す。

■ 本時の流れ

1. 「この□にはどんな数が入るかな?」

　□□□+□□□=624の筆算を見せた。1人では思いつ
かない子どももいることが予想されたので,参加しやすい
雰囲気をつくり,ペアで□の中の数字を入れて完成させた。
3分程ペアで相談する時間をとった後で全体で進めた。ま
ず完成させた筆算を1つ発表させ,その筆算を用紙に書い
て黒板に掲示した。そして発表された筆算の答えが正解か
どうか,筆算の手順に従って一の位の和,十の位の和,百
の位の和,必要に応じて繰り上がりを全体で確認をした。具
体的には,379+245を取り上げ,「まず一の位は9+5で
14。十の位に1繰り上がる。十の位は7+4に一の位から繰

り上がった1を足すので12。百の位に1繰り上がる。百の位は3+2に十の
位から繰り上がった1を足すので6。だから答えは624」というように確認
した。このときの繰り上がりの仕方の確認が本時で引き出したい百の位から
千の位に繰り上がるときの考え方につながるので,丁寧に扱った。また繰り
上がりの回数で筆算をグループ分けして黒板に掲示した。

2. 「何の位から何の位に繰り上がりがあるの?」

　「次はこの問題です」と言って□□□+□□□=1624の
筆算を見せる。まずは問題をじっと見せた。すると,「さっ
きの問題の答えと似ている」や「千の位に1がついただけ
だ」というつぶやきが出た。和の部分を全体で見比べて確
認したところで,□の中に入る数を考えさせた。数十秒程経ったところで,子
どもたちから「あれ?」と戸惑っているつぶやきや,わからずに困っている
子どもがいることを全体に知らせ,一旦思考を止めさせた。そしてどこで困

っているのか教師が該当の子どもに質問した。すると「百の位に入る数がよくわからない」という返事が戻ってきた。それを聞いて安心するかのように同意するつぶやきやうなずきがあった。そのやりとりをする中で，子どもたちが最初に百の位にどんな数字が入るかを全体で考えたい（確かめたい，教えたい）という気持ちが形成された。そこで「どうして百の位に入る数を考えるのが難しいと思いますか」と子どもたちに投げかけた。「繰り上がり！」というつぶやきが出た。すかさず，「繰り上がりがあるの？」と問うと，「うん，あるよ」と返された。さらに「何の位から何の位に繰り上がるの？」と問うと「百の位から千の位に繰り上がるよ」と返ってきた。そのことを全体で確認した。

　そして「百の位からどうやって千の位に繰り上がるの？　まだ習ってないから無理かな」と子どもに返した。すると，「十の位から百の位に繰り上がるのと同じで，足して10になったら次の位に繰り上げればいい」と子どもが説明した。その子どもの発言を板書した。「本当に同じ方法でいいの？」とさらに問い返すと，「その前（十の位から百の位へ繰り上がるとき）も，一の位か

百の位からどうやって千の位に繰り上がるの？
まだ習ってないから無理かな？

十の位から百の位に繰り上がるのと同じで，足して10になったら次の位に繰り上げればいい。

その前も，一の位から十の位に繰り上がるのと同じやり方でできたから，今度も同じようにすればいいと思います。

ら十の位に繰り上がるのと同じやり方でできたから，今度も同じようにすればいいと思います」と既習事項が使えるはずだと主張してきた。多くの子どもたちが理解をしている様子だったので，「じゃあ，百の位の足される数の□と足す数の□にはどんな数が入るのかな？」と投げかけた。すると，最初に「8と8」という答えが戻ってきた。「8＋8は？」と問うと，「16」と間髪を入れず答えが戻ってきた。「その16ってただの16？」と問い返すと「いや1600のこと」と1人の子どもが言った。それを聞いた他の子どもがもっと詳しく「8＋8は800＋800のことで，16は1600のこと」と説明を加えた。「本当に800＋800は1600なの？」とさらに尋ねた。すると別の子どもが黒板の前に出てきて百円玉の絵を描いて「100円が10枚で1000円ですよね」と説明したところで，教師が「その説明はさっきどこかであったような……？」と言葉を挟んだ。少し間があって「あそこにあります」と黒板を指す子どもがいた。

「どこ？」と問い返すと，「足して10になったら次の位に繰り上げればいい」と（黒板に）書いてあります」と答

えた。さらに，「今回は，足して10ではなく，足して1000じゃないの？」と返すと，「答えは1000だけど，100円は10枚だから一緒のことだと思います」と答えた。そのやりとりを聞いていた子どもたちも「10になったら繰り上がり」という意味とつながった様子だったので，もう一度説明を中断させてい

足して10ではなく，足して1000じゃないの？

答えは1000だけど，100円は10枚だから一緒のことだと思います。

た子どもに話をさせた。「100円が10枚で1000円ですよね。そしてあと100円が6枚あるから600ですよね。1000と600で1600になります」と説明した。ここで、間違いなく既習の繰り上がりの仕方が使えることを子どもたちと確認した。

　その後、他にも□の中に入る数はないかと尋ねた。すると、9と7、7と9、8と7という答えが返ってきた。その発言を板書にしていると、「え？」というつぶやきに続き、「それでもいいんだよ！」という反応があった。まず、「え？　と言った人がいましたが、どうしてそう思ったのですか？」と聞いた。すると「8＋8とかは16になるでしょう。（筆算の千の位と百の位の部分の）答えは16になっているのに8＋7は15だから」と答えました。発言の意図を全体で確認した。それに対して、「15でもいいんだよ！」と別の子どもが発言した。「どういうこと？」と問い返すと、「十の位から百の位に1繰り上がったら15に1足して16になります」と説明した。そこで、今の説明を黒板の

15でもいいってどういうこと？

十の位から百の位に1繰り上がったら
15に1足して16になります。

式を使って再度説明させた。すると、「あ〜」という反応も出た。そして教師が「十の位から百の位へ繰り上がり、そして百の位から千の位へ繰り上がりで2回繰り上がっているね」と板書の説明をなぞって再度確認すると、「先生、だったらこれ、繰り上がりが3回できるよ」という繰り上がりの回数に目を向けた声が出た。「え、3回繰り上がりできるの？」と教師がわざと驚いたように言うと、子どもたちが反応した。「一の位から十の位にも繰り上がったら全部で3回になりますよ」と。それを聞いた子どもたちからは

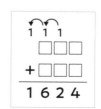

「本当だ」とか「やってみたい」という反応があった。十の位から百の位に繰り上がることを前提にした場合，被加数と加数の百の位の□には8と7以外にどんな数が入るか考えさせた。6と9，9と6，7と8が出た。そしていずれの和も15になることを確認した。

3.「困っている友達がいます。誰か，ヒントをください」

　十の位に集中させるために，子どもたちと相談して，被加数，加数の百の位の数を9と6に固定した。そして被加数，加数の十の位の□の中に入る数を考えさせた。勢いよくノートに書く子どももいれば，どう考えればいいか困っている子どももいた。考える時間を1分もとらずに「困っている友達がいます。誰か，ヒントをください」と全体に問いかけた。すると「さっきは（筆算の百の位の和が）16でしたよね。それは9＋6の15に繰り上がりの1を足してから16になったのですよね。今度は（筆算の十の位の和が）12にならなければならないので」と話したところで説明を止めさせた。困っていた子どもの表情を見ていたが，多くの子どもが気付いたように判断したのでペアでヒントの続きを話し合わせた。そして話し合ったことを学級全体で発表させ，ヒントを途中で止められた子どもにその続きが合っているかを確認した。その後，□の中に入る数を発表させ正解かどうかを確認した。

　すると，「じゃあ次は一の位を調べよう」という声が子どもたちの中から出てきたので一の位の□に入る数を考えさせた。そして□□□＋□□□＝1624の筆算を完成させた。最後にその式が本当に正解かどうかをペアで完成させた式を交換させ答え合わせをさせた。

5

長さ

愛知県名古屋市立東海小学校　三田美乃里

■ 本 時 の ね ら い

　長い長さを測る巻尺という計器を知り，巻尺を使って長さを測定することができる。

■ 本 時 の 問 題

> ギネス世界記ろくを出したおり方で折った紙ひこうきを飛ばして，どれだけとんだかをはかって表そう。

■ どのような見方・考え方を引き出すか

　紙飛行機が飛んだ距離という長い長さを表すという場面でも，測定する対象の特徴に着目し，既習の長さ比べと結び付けて，適切な単位や適切な計器を選択すること。

■ どのように見方・考え方を引き出すか

　問題は，「ギネス世界記録を出した折り方で折った紙飛行機を飛ばして，どれだけ飛んだかを測って表そう」である。子どもたちが考察の対象となる量について「測ってみたい」と自分自身の問題にできるよう題材を工夫した。

　まずは，紙飛行機の飛んだ長さという特徴に着目させて，既習の単位や計器を子どもたちから引き出したい。しかし，本時は単元の導入であり，既習とかけ離れた長い長さをすぐに見せても，子どもたち自らで2年生の長さ比べと結び付けて考え始めることは難しいと考える。

　そこで，まずは教師があえて失敗して，数m程度だけ飛ばすという，既習を少し超えた長さを見せるようにする。「全然飛ばなかったね」などの長さに着目した声を取り上げて，既習の長さの単位と長さを測定した経験を想起さ

せながら，およその長さの見当を付け，2年生のときに使った1m物差しを用いて測って確かめようという姿を引き出していきたい。

さらに，教師が「もう一度やらせて」と今度は10m以上飛ばしてみせる。1m物差しで測るのも無理が生じてくるため，子どもが新しい計器が必要だと考え始めるだろう。

以上のような，子どもたちが測定する対象の長さについて，およその見当を付けて，適切な単位や適切な計器を選択して測定した活動は，同単元内における，長さの単位の関係を統合的に考察する活動へつながっていく。

■ 本時の流れ

1. 子どもが関心を持てるような素材を扱う

今日の授業の場所は体育館である。ホワイトボードに，「ギネスの世界記録」と書くと，何人かの子はギネスについて知っていて説明を始める。何が始まるのかとみんなが期待した。

そのタイミングで，「ジャジャーン」と紙飛行機を見せたところ，ちょっと驚いた様子になったものの，「実は，世界記録を出した折り方をYouTubeで見つけて，その折り方で折った紙飛行機なんだよ」と伝えると，「よく飛ぶの？」と再び楽しみな雰囲気に戻った。

「測定」の領域において，子どもが見方・考え方を働かせる姿を引き出す授業を考えていく上で，身の回りにあるどの量を取り上げて学習をスタートさせていくかが大きなポイントとなる。教科書で扱われている教室の縦や横の長さ，体育館にあるマット，ゴム自動車の走った長さももちろんよいが，今回は，子どもたちの誰もが飛ばした経験があるこの素材を選んだ。子どもたちが「測ってみたい」と，自分自身の問題として自ら既習と結び付けていくことが期待できる。また，何度も飛ばして，「どれだけの長さかな」と楽しく測定することで，的確に測定するという技能を高めることにつながる。

なお，授業の導入では，以下のことを全体で確認しておくようにする。

「どれだけ遠くに飛ばせたか」という距離でなく，「長い時間飛び続ける」

という滞空時間に着目することもできるので分けておく。今日は「どれだけ飛んだか」という距離を扱っていくことを伝える。

　飛んだ軌跡をさまざま捉えていると思われるので，紙飛行機の飛んだ長さを表すために，「飛び始めの地点と着地点に着目し，2点を決めてその間を真っすぐに測った長さ」で表し，それを距離と呼ぶことを伝える。

2. 長さに着目したつぶやきを問い返し，その長さについて捉えさせる

　先に述べたように，本時の内容に関わる見方・考え方を引き出すためには，子どもたちが既習の2年生の長さ比べと結び付けていくことが必要となる。そのために，まずは意図的に教師が失敗して約4m飛ばしてみせた。

　子どもたちの反応は，「アーア」というがっかりした声や「ぼくがやりたい」「私も」という声が……。その中に，「世界記録」のイメージとのギャップから「全然飛ばなかったね」「短かっ」というような長さに着目しているつぶやきも必ず上がる。そうしたつぶやきを問い返していくことで，着目した長さについて，2年生で学習した長さの単位や子どもたちの持つ量感をもとに捉え直させていくことがポイントとなる。ここでは，「短い」という言葉を使って，イメージと異なるだろうcmの単位を投げかけて揺さぶることにした。

「短い」って言うけれど，何cmぐらいと思っているの？

何cmという感じじゃない。

何m何cmとかだと思う。

3m何cmでしょ。

さらに続けて，見当を付けた理由を聞いた。

どうしてそう思うの？

1mがだいたいこれくらいだから……。

　教師が失敗した長さというものの，４ｍという長さは子どもたちにとって，測ったことのない長さである。教師が長さに着目するつぶやきを問い返し，さらに理由を聞いたことで，だいたいどれくらいの長さになるか，１ｍの幾つ分で見当を付けていくという姿も引き出すことができた。

3．1m物差しで測定する場面を位置付ける

　飛んだ距離を測ってみようという展開へと自然に進んでいった。子どもたちからは２年生で１ｍ物差しを使ったことを想起する発言があり，並べて測るアイデアと順番にずらして測るアイデアが出された。あらかじめ教師が赤いシールを貼っておいた投げ始めのところに加えて，紙飛行機の先端の部分にも赤いシールを貼り，代表の４人を指名して，この距離を測定するよう投げかけた。１ｍ物差しを４本真っすぐに並べて測るアイデアで測定させ，目盛りを読ませたところ，３ｍ80cmと答えた。

　本時では，新しい計器として巻尺を導入する授業となる。その便利さに気付かせ，長いものを一気に測る際に適切な計器であることを捉えさせるためには，このような，１ｍ物差しを幾つか並べて測るという経験をクラス全体で共有させておくことが必要だと考える。１ｍ物差し４本だけでも３年生の子どもたちが並べるともたもたしてしまう。この後，10ｍを超える長さではこうした経験と対比させることで，新たな計器が必要だと自ら気付き，その便利さを実感することにつながる。

4. 新しい計器への必要感を持たせる

　教師が「もう一度やらせて」ともう1度飛ばすことを伝えると，ほぼ全員の子どもが手を挙げた。そこで，教師と3人の子どもが紙飛行機を飛ばすことにしたところ，この授業では約12m，11m，10m，6m飛んだ。「飛び始めの地点」を見てシールを貼る子，着地点に着目して紙飛行機の先端の部分にシールを貼る子も指名し，次々と投げてテンポよく進める。

　その後，飛んだ距離を測ってみようと同じように展開していく。すると，これらの距離を表すことについて，子どもの方から次のような声が上がった。教師は，子どもの言葉をそのまま問い返したり，わけを聞いたりしながら考えを広げていった。

　先程の何とか1m物差しで測れる場面から，10mもの長さを測ろうとする場面へと展開する授業構成にしたことで，距離に着目し，10mを超えるだろうというおよその見当を付け，適切な計器を用いていくという見方・考え方を働かせる子どもの姿が見られた。

　子どもたちの思いは，1m物差しでは測りづらいと一致し，子どもたちが

メジャーと発言した巻尺という計器を紹介した。

5. 一人ひとりに測定の活動を十分にさせる

　紙飛行機はあらかじめ教師の方で折っておき，3人組に1つずつ，紙飛行機と巻尺を渡す。「3年1組の最高記録を出そう」と展開すれば，時間内にたくさん飛ばしてそれぞれを測定し記録する活動が十分に行える。

　また，正確に測らないといけないということにもなる。ホワイトボードに教科書にある巻尺の拡大図を貼って，「0」をきちんとそろえることや巻尺がねじれて裏返っていないか確かめること，また，「○m○cm」の読み方を一人ひとりに確認した上で取り組ませる必要がある。

6. さらに長い長さへ展開する

　子どもに調べさせる長さを4m，10数mと進めてきたが，さらにギネスの世界記録という長さに出合わせるという授業構成にした。子どもたちに予想させた後，この時点でのギネス世界記録である約70mを紹介した。

　子どもたちは，70mという長さを，本時に体験した10mの量感をもとにして，およその見当を付け始めた。時間の都合で，体育館の縦の長さのみ，代表児童で測ったところ，約27mであった。「飛ばした人はすごい」という驚きの声とともに，「やっぱり体育館よりすごく長いと思った」「体育館の2倍より大きいか」「体育館の3倍くらいか」という量感につながる発言も多く聞くことができた。

あまりのあるわり算

東京都豊島区立高南小学校　河内麻衣子

■ 本時のねらい

　割り切れないあまりのあるわり算も，割り切れるわり算と同様に計算できるのか，考えることができる。

■ 本時の問題

> あめが□こあります。1人に3こずつ分けると，何人に分けられますか。

■ どのような見方・考え方を引き出すか

　あまりのないわり算の考え方に着目して，3の段の九九を想起し，全体量を考えることにより，あまりがあるわり算もあまりのないわり算と同じように考えることができること。

■ どのように見方・考え方を引き出すか

　本時は単元の1時間目の導入場面である。見方・考え方を引き出すために，袋の表に「?」と書いた袋を子どもたちに見せ，この袋の中にいくつかのあめが入っています，と話しながら，全体量を□と置き換えて，文章題を提示する。文章中の「1人に3個ずつ」という言葉に着目すると，子どもたちは3の段の九九を想起して全体量を自由に考えることになる。始めは，あまりのないわり算が既習であることから，あまりの出ない3の段の九九の積を□にあてはめていこうとする。しかし「それ以外の数を□に入れることはできないのか」と見方を広げるために問い返すと，「入れることができる」と考える子どもと「入れることができないのではないか」と考える子どもに分かれる。□に3の段の九九の積以外を入れることができるのかどうかを追究することを通して，わり算には割り切れない場合がある，あまりが出る場合もあ

ることに気付かせる。

■ 本時の流れ

1. 「この□にはどんな数が入るかな?」

　授業の始めに子どもたちに右の写真の袋を見せ，「この袋の
中にいくつかのあめが入っています」と話し，次の問題文を
板書した。

> あめが□こあります。1人に3こずつ分けると，何人に分けられますか。

　子どもたちに□にどんな数字を入れてみたいか問いかけた。

　1つ目に発表された数字は「9」。手を挙げていた何人かの子どもたちから
「同じです」という声が聞こえてきた。「式を立てることができるかな?」と
問うと，子どもたちから「習ったからできるよ」と元気な声が返ってきた。ど

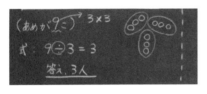

んな式と答えになるのか確認をした。

　「9÷3＝3　答えは3人です」

　「なぜ，9という数字を思い浮かべた
の?」と問い返した。すると，

「1人に3個ずつ，の3と，何人に分けられるかのところを3人にすると，3
×3であめの数が9個になるから」という理由が返ってきた。

　2つ目に発表された数字は「12」。この数字も手を挙げていた何人かの子ど
もたちから「同じです」という声が聞こえてきた。子どもたちから「これも
解けるよ」の声。□に12を入れて式と答えを求めるように伝えた。

　「12÷3＝4　答えは4人です」

　12についても，なぜ思い浮かべたのか子どもたちに問い返した。

　「1人に3個ずつ，の3と，4人に分けられる，の4で，3×4であめの数
が12個になる」との返答。そこで，子どもたちに以下のような問い返しをし
た結果，既習の内容に関する発言が見られた。

なんで，みんなは9個や12個という数字を選んだの？

9個も12個も全員に分けられる数字だから。

平等に分けられるよ。

この子どもたちの発言からは，直近に学習した，「割り切れるわり算」の学習内容を想起して数値を設定していることがわかる。そこで，他の子どもたちにも考え方を広げるために，次のように問い返した。

全員に分けられる数字は他にもあるの？

あるよ。

あるの？　いくつ？

| 15 | 24 | 18 | | 21 | 27 |

全部，3の段！

　3の段の九九の積が次々と発表された。出された数が3で割り切れることを一つひとつの数を式で表すことで，確認した。

2. 「3の段の答え以外は□に入らないのかな?」視点を広げる

　問題文の□の中に，3の段の九九の積を入れることができるということを確認した後，以下のように問い，2つの考え方が見られた。

　あめが17個だった場合の分け方をみんなで考えていった。

　すると，2つの考え方に分かれた。わり算として式が成立しないのか，するのか。

　式が成立しないと考えた子どもたちは，3の段の答えにならないことを強調し，「15個だったら分けられたでしょ」と言って，15個の磁石を使って，3個ずつ分けて見せてくれた。磁石を分けることができたから，15は式に表せた。だが，17は3の段の答えではなく，あまりが出る数字だから式に表してもよいのか，という発言があった。この子どもたちは，「割り切れるわり算」の学習内容に着目して，式が成立しない理由を述べていることがわかる。

式が成立すると考えた子どもたちは，３の段の答え以外であまりが出る数だとしても，あめを配ることはできる。ただあめが余るだけなので，３の段の積をわり算したときと同じで，分け方は同じだから式として成立する，ということだった。これらの子どもたちは，わり算の見方として「割り切れるわり算」も「割り切れないわり算」も等しく分けることには変わりないため，「あまりがない」「あまりがある」に関係なく，わり算について同じように考えられるとし，式が成立すると理由を述べていることがわかる。

　しかし，式が成立しないと考えている子どもたちは納得しない。すると，式が成立すると考えている子どもたちが，袋の中に15個の磁石を入れて，説明をし始めた。

　「この袋の中に何個あめが入っているかわからないでしょ。この袋の中からあめを出していくと……」と言いながら，３個ずつ磁石を取り出して，黒板に貼って分けていった。そして，５つのまとまりができたところで，袋の口を逆さにして，

　「もう，袋の中にはあめは入っていないでしょ。これを式にすると，

　15÷3＝5　5人に分けられる」「式ができた」

　「ここまでわかる？」と説明を聞いていた子どもたちに私が確認をした。友達が考えた見方・考え方を全員に広げる必要がある。再び説明を続けるように伝えた。今度は袋の中に17個の磁石を入れて，説明をし始めた。

　「この袋の中に何個かあめが入っているかわからないでしょ。この袋の中からもあめを出していくの」と言いながら，３個ずつ磁石を取り出して，黒板に貼り，５つのまとまりができたところで，袋から磁石を２個取り出した。

　「あめは２個余ったけど，15個のあめを分けたときと，していることは同じでしょ」

　聞いていた子どもたちが「どういうこと？」と質問をする。すると，他の子が，

　「だって，同じ袋からあめを分けているんだよ。だから15個のあめと17個

のあめは同じように分けている」

「普段でも，何かを分けていって，余ることはあるよ」

「17÷3という式ができる」

式が成立しない，と考えていた子どもたちから「あ〜」という声が聞こえてきた。「納得したの？」と問い返した。すると，「わかった！」という声。

この後，「割り切れないあまりのあるわり算」も「割り切れるあまりのないわり算」と同じように式で表すことができることや，どのように表記するのか，わり算をしてあまりがあるときは「割り切れない」，あまりがないときは「割り切れる」という内容を指導した。

3.「他にもきれいに割り切れない数ってあるのかな？」深める

「17以外にも割り切れない数ってあるかな？」と問うた。この問いのねらいは，17という数だけでは，あまりが出るが，場面としては同じわり算の場面であるという「あまりのないわり算」と「あまりのあるわり算」との考え方を同じように見ていくことを深く理解させるには，不十分だと感じたからだ。

教師からの問いに対して，「あるよ」という子どもたちの元気な声。

「よくわかるね！」と褒めると，「だって……」と子どもから発言が続いた。

「3の段の答え以外の数字を□の中に入れることができる」という返答。

ここでも，子どもたちは「割り切れる数」と「割り切れない数」とを比べて数字を選んでいることがわかる。「5，7，10，11，13，14，……」次々と数字を挙げていった。

「あまりのあるわり算」についての理解を深めるためには「あまりのないわり算」に着目し，学習内容を振り返ることを通してわり算の考え方を見直すことが，数学的な見方・考え方を育てることにつながると考える。

大きい数の仕組み

和歌山県田辺市立芳養小学校　千葉修平

■　本時のねらい

　一万よりも大きな位について理解し，それを読んだり書いたりすることができる。

■　本時の問題

> 　徳島県の人口は，　　735970人です。
> 　神奈川県の人口は，9176594人です。
> 　東京都の人口は，　13822133人です。（2018年10月の推計人口）
> 　それぞれどう読むのでしょう。

■　どのような見方・考え方を引き出すか

　一万より大きな数について，これまで学習した「一，十，百，千」という仕組みを，万の位にも類推的に当てはめ，それが繰り返されていることに気付けること。

■　どのように見方・考え方を引き出すか

　まずは，徳島県の人口だけを提示し，一万を10個集めると，10万になるということを教える。その上で，徳島県の人口の読み方を考えさせる。「十万が7個あるってことだから，70万だね」というような発言が期待できる。このとき，板書では，位の名前も書いておく。

　次に神奈川県の人口を提示し，同じようにして読み方を考えさせる。

　さらに，東京都の人口を提示する。ここでは何の知識も与えず徳島県や神奈川県の人口の読み方をもとに，考えさせる。そうすることで，これまで学習した「一，十，百，千」という仕組みが繰り返されていることに気付いて

いく姿を期待したい。

■ 本時の流れ

1. 「徳島県の人口は，735970人です」

　本時は，「10000より大きな数を調べよう」の第3時の学習である。

　前時までの段階で，子どもたちは10000という数について学習したところである。しかし，ここで示された「735970」という数については未習である。この数を見て，すぐに子どもたちは読もうとするが，「七万三千……」「あれ？1つ多い」「ななさんまん……」といったつぶやきが聞こえてくる。

　「1つ多いってどういうこと？」

　今困っていることを全体で共有させるために，こう問いかけた。

　見方・考え方を働かせるためには，まずは困っていることを共有することで学習を焦点化させることがポイントである。

　「昨日，位は5つまで習ったでしょ。でも今日は6つあるから読めない」

　この発言に，他の子どもたちも，「そうそう」とうなずいている。

　「だから1つ，桁が多いってこと」

　黒板には，次のように書いた（735970という数は短冊である）。

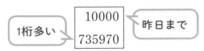

　しかし，この場面で，全体で深く考えさせることはしない。新しい位の名前は，「教えること」であり，「考えさせること」ではないからである。

　「一を10個集めたら10だったよね。それと同じで，一万を10個集めた数は『十万』と言うよ」と教師が説明をして，その読み方を教えた。板書には，次のように表した。

十万	一万	千	百	十	一
7	3	5	9	7	0

「だったら，これは七十三万五千九百七十人か」

「私たちの住む市よりも多いね」

前時までの学習で扱った，自分たちの地域（市町村）の人口と比べた上での発言である。こういった素直な感想も大切にしていきたい。1000を超えてくると，具体的な数量としては想像しにくいというのが「大きい数」の学習における特性である。上の発言はこのことを克服しうる発言である。

そこで，「どういうこと？」と問うた。

「私たちの市は○○○○○人だったでしょ。でも徳島県は，一桁大きい」

「よく考えると，ぼくたちの市を10個集めたよりも多いんだね」

「うわあ，すごいね！」

このように，子どもらしい表現によって，周りの子どもたちにも実感を伴ってきているのがわかった。その様子を見てとった後，

「じゃあこれは？」と言って，次の数を示した。

「秋田県の人口は，981016人です」

1つずつ桁を数えている子が多い。

やがて，「わかった」と言って，多くの子が挙手したので，

「簡単だね。九八万（きゅうはちまん）千十六人だよね」

とこちらからとぼけてみた。

すると，「違う違う！」という多くの声。

ここで，正しい読み方を漢数字でノートに書かせた。

2. 「神奈川県の人口は，9176594人です」

次に，神奈川県の人口を短冊で提示した。

すぐに，「また増えた」「多すぎる」と騒ぎ出す子どもたち。「何が増えたの？」と問うと，「桁が1つ増えたよ」と返ってきた。

すると，ある子が「あ，そういうことか」とつぶやいた。

この発言に，周りの子たちも強くうなずくと同時に，感心した様子だった。

何に気付いたの?

これってさあ,新しいところの「9」をなくしたら,十七万六千五百九十四人て読めるでしょ?

本当だね。

……と言うことは,今,「9」のところが新しい位ってことだよね。そこがわかればいいんだ。

「そうそう,その『9』のところの位の名前がわかればいいんだ!」

こういった反応からも,先程の子の発言が,みんなの思いを代弁していたことがわかる。既習を使って考えることが,先の学習を見通すことにつながるということが共有された場面である。

「そうかそうか。じゃあ,この『9』の位のことがわかればいいんだね」

こう言って,「十を10個集めたら百。これと同じで,十万を10個集めた数なので,『百万』と言う」ということを教えた。

先程の板書に,次のように付け足す。

百万	十万	一万	千	百	十	一
	7	3	5	9	7	0
9	1	7	6	5	9	4

そして,九百十七万六千五百九十四という読み方をペアで確認させた。

3.「東京都の人口は,13822133人です」

続いて,東京都の人口を短冊で提示。すると,子どもたちからは「わぁ」という驚きの声。「これは読めないかも」と言わんばかりの難しい表情を浮か

べる子どもが多い。それでも，1つずつ桁を数えている子が大勢いたので，それを評価した。

「やっぱり，1つ多い！　『1』のところが新しい位だ」

ここでも，しつこく「何が多いのか」を確認する。

しかし，先程までと変化が見え始める。

「さっきみたいに，読めるところまで読める人？」と発言を促すと，多くの子が「もう全部読める」と言い始めたのである。

私は驚きの表情を浮かべ，次のように尋ねた。

「『もう全部読める』って言う子がいるんだけど，無理だよねぇ？」

しかし，誰も首を縦に振らない。全員が「読むだけならできる」と言う。

「本当に？」とやや大げさにいぶかしんだが，「絶対に！」という威勢の良い返事が返ってきた。そこで，読みを答えさせる前に，なぜ「読める」と言えるのかを聞いてみることにした。

C：だってさあ，2年生の勉強と一緒だよ。

T：え？　違うよ。2年生までは，1000までしか学習していないよ。

C：そういうことじゃなくて。

C：並び方が一緒なの。

T：どういうこと？

C：千の位までは，「一・十・百・千」という順番だったでしょ。そして，万の位からも，「一・十・百・千」が順番に並んでるっていうこと。だから，さっきの『百万』の次だから，『千万』のはずだよ。

C：**一から千まで4つの位の部屋があるでしょ。そして，建物は違うけど，万の位にも『一・十・百・千』の4つの部屋があるの。**

この下線部の内容には気が付いていなかった子も多かったようで，「本当だ」と明るい表情を浮かべてつぶやいていた。この「部屋」という表現は，数を構成的に見ていることがわかる表現である。

まさに，この場面のようなやりとりこそ，子どもたちから引き出したかっ

た数に対する見方であり，考え方である。だからこそ，ここで出てきた発言を，他の子どもたちにも自分なりに言えるようにさせる必要がある。

「今，〇〇くんたちが言ってくれたこと，お隣の人に説明できるかな？」

説明する自信のない子のために，再度，別の子にも同じように説明してもらい，その上で，ペアで確認をさせた。ここで「千三百八十二万二千百三十三」という読み方も確認させた（板書は下のように書いた）。

千万	百万	十万	一万	千	百	十	一
		7	3	5	9	7	0
	9	1	7	6	5	9	4
1	3	8	2	2	1	3	3

その直後である。「『万』の次は，何と言うの？」と尋ねる子が現れた。

唐突な質問であったが，この質問の意味と意図はすぐに理解できた。そこで，周りの子どもたちも同じ土台に乗せるために，次のように説明した。

「今日は『一万・十万・百万・千万』という位について学習したよね。〇〇ちゃんは，『その次の部屋の名前は何と言うの？』という質問をしたんだけどわかったかな」

「万」の次は「億」という名前だよ。

聞いたことがあるよ。

じゃあ，億の部屋の位の名前も全部わかるよ。

本時で学習した見方・考え方を生かして，さらに次の段階まで類推的に考えた姿である。一億を超える数の学習は4年生で扱う内容であるが，数を構成的に見るという見方を学んだことで，さらに億の位にまで拡張して考えることができたのである。

◎ 参考・引用文献
• 総務省「人口推計」（2018年10月1日現在）

8 かけ算の筆算

千葉県千葉市立山王小学校　平川賢

■ 本時のねらい

繰り上がりが1回あるかけ算の筆算の仕方を理解する。

■ 本時の問題

> 1つのへんが23cmの図形のまわりの長さは何cmですか。
> ①図形が正三角形のとき（23×3）　②図形が正方形のとき（23×4）

■ どのような見方・考え方を引き出すか

（2位数)×(1位数）は，被乗数を（何十）と（何）に分けてかけ，後で足し合わせれば解決できる（部分積の和）と考えられること。またこの考えに基づき，筆算でも部分積の和として捉えて，十の位と一の位に分けて計算できると考えられること。

■ どのように見方・考え方を引き出すか

23×4という計算において「4×3をして12。4×2＝8で1繰り上がるから，答えは92」といった解き方の手順を言える子を目指すのではない。そもそもそういった手順で計算できる理由は，23を20と3に分けて計算する，

$$23×4＝(20＋3)×4＝(20×4)＋(3×4)$$

という数の保存性があるからである。これが子どもの言葉で表れるとよい。その子どもの表れが「分ける」や「後で足し合わせる」といったものとなる。そのための手だてが次のものである。

誤答を示し，それがなぜ正しくないのか説明させる

論理的なことは，正しいことを説明するよりも，間違っていることを説明させることのほうが，子どもにとって取り組みやすい場合が多い。ここでも

それを生かしたい。23×4＝92が正しい理由を説明させても，手順通りにやったら92だったというぐらいの返答しか期待はできないが，23×4＝812ではないのか，ということについては「800はおかしいよ。だってね……」とその「だって」の後に，前述した子どもなりの見方・考え方に関わる話が出てくるはずである。

■ 本時の流れ

1.「なぜ一の位と十の位に分けたんだっけ？」

前時までに繰り上がりのない計算（12×4など）までを扱ってきている。

本時の問題は写真にもあるように，「1つの辺が23cmの正□□□の周りの長さは何cmですか」というものである。

「正□□□」としているので，辺がいくつあるのかはまだ示されていない。こういった問題の一部を隠すということを意図的に行う。本時の場合，図形を初めは正三角形とし，その後，正方形に変えていく。つまり，1つの問題でありながら，いろいろなパターンについて学習を仕組むことができるのである。さらに三角形の場合は「23×3」で既習であり，正方形は「23×4」で未習となる。同じ題材の中で未習と既習を含めることができるので，前時までの学習との違い（本時においては繰り上がりがあること）にも子どもの視点が向きやすくなるのである。

さて，正三角形で既習事項の確認を行う中で，子どもが解き方の手順（右図）を話した後に問い返しをした。「なぜ分けて計算したのか」ということである。「分けたほうが簡単だから」というのが子どもの答えである。分けて計算しても答えは変わらない，それならば23を3回足すような同数累加の考えより処理が早いということだ。位ごとに分けるのはたし算やひき算でもそうだったという反応も返ってきた。これらの意見から，数を位ごとに分けて処理するよさを認識していることが伺え，た

別々にかけて
並べて書く

し算・ひき算とかけ算の筆算について統合的に捉えようとしていることもわかる。これらは計算における大事な見方・考え方と言えるだろう。

しかし、ここでの子どもの「分ける」は、23を"2"と3に分けたのであり、"20"と3とは言っていない。2と3というのは計算の手続き上の分け方であり、本質的には20と3でなくてはならない。

こういった「手続き」と「本質」がつながっていない場合は子どもにとってはよくあることである。例えば、「20＋30」を「2＋3をして、後で0をつける」というマニュアルは言えても、これが「10が（2＋3）個分」という意味であることとはつながっていないというのはよく語られる例であろう。

さて、三角形から正方形に図形を置き換える。「今度は辺が4つになるから……」と子どもたちは新たな式を立てる。23×4と立式すると、子どもたちは「今度の計算は繰り上がりがあるよ」「一の位の計算が10を超える」とすぐに気付いた。子どもたちに実際に計算に取り組ませてみると、多くの子どもが92と解答することができた。しかし、子どもが答えとともに書いたのは、「まず4×3をして12。次に4×2で8。1繰り上がって9」といった既習と同様の手順であった。先行知識がある子が多いようで、解き方だけは理解しているということはここでわかる。

2.「23×4＝812ではないのですか？」

しかし、本質的にその解き方が20と3に分けていることをもとにしているのかを理解しているかは、ここでもはっきりしない。どうやって計算をしたのか、どうして分けたのか、という聞き方では、子どもが被乗数を分けているという話にはつながりにくいのも確かである。そこで、被乗数をどのように分けているのか、そんな話題につながるよう、また手続きと本質がつながっていくように次のように投げかけてみることにした。それは、答えは92だと発表があったときに、「え？　92？　それは違うんじゃないかな」と問い

返すことである。そして，既習のときの解き方の手順で出て
きていた「別々にかけて並べて書く」というものを振り返ら
せながら，「4×3＝12でしょ。それで4×2をするから，こ
れが8で，812じゃないんですか？」と実際に黒板上に筆算を書きながら，子

どもたちを揺さぶってみたのである。これは，誤答を示すことで「本当は
……」と正しい考え方を引き出そうとするものである。この「本当は……」
の中に，23×4を計算することについての見方・考え方を引き出せるのでは
ないかと考えたのである。

　子どもたちは812でない理由を伝え
るために，部分積を使って説明をした。
特に十の位の計算である2×4について
は，「"本当は" 20×4をしている」と
いった，計算の本質に関わる話をした
のである。さらに「23を20と3に分け
て計算して後で足すのだから，12＋80

ということ」といった言葉を引き出
すこともできた。このように間違い
を指摘するために，結果として見
方・考え方を引き出す話をすること
ができたということになる。筆算が

位ごとに分けて計算できるのは，十の位の4×2という計算が，実際は「10
が（2×4）個分」ということであり，それぞれの位の計算が何を単位として
いるのかを，このやりとりの中ではっきりさせていくことができたというこ
とになる。

3.「なぜ3桁でもできると思うのかな？」

発展的に考える力を身に付けさせようと，授業終盤や振り返りの際に「次
はどんな学習ができそうか」を考えるように日頃から促している。

本時において出てきたのが板書の写真にあるような「乗数が2桁の場合

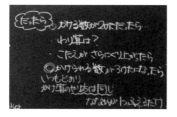

は？」「わり算では？」などであったが，その
中で子どもたちがすぐに解決できそうだと言
ったのが「かけられる数が3桁になったら？」
であった。百の位の計算も100を単位として
かけ算をするだけで良いということに見通し
が持てているからこその発言であることがわかる。これも，見方・考え方の
表出をねらい，なぜ3桁でもできそうなのかを話し合わせてみた。

筆算が3桁になってもできそう。

なぜ3桁でもできると思うのかな。みんなも思いましたか。

できると思う。位が増えただけで，かけ算のやり方は同じ。

どうして同じですか？

いつも位ごとに分けて計算しているだけだから，かけ算が斜めに1つ増えるだけ。

でもそのまま並べて書かないよ。百の位の計算は「何百×何」ってことだから，正しい位に答えを書くようにするんだよ。

8

　273×3という問題を提示して，実際に解決させてみた。解決することができただけでなく，百の位の計算についても「本当は200×3」と子ども自らが，部分積の和を捉えて説明することができていた。

　この時間の振り返りにも，見方・考え方をもとにして，学習を発展的に考えるものが多く見られた。右の振り返りに「えいえ

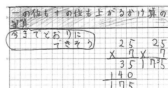

んに」という言葉がある。分けて計算し後で足し合わせるという見方・考え方がきちんと身に付いているからこそ，何桁になっても同様に計算できると考えられていることが伝わってくる。もう1つの子どものノートは，次時以降のものであるが，「今まで通りできる」としながら，部分積を自主的に書いているあたりからも，見方・考え方を意識的に働かせて解決していることが

伝わる姿が見てとれるようになった。こういった点からも，本時の学習に意味があったのだと考えることができるだろう。

円と球

静岡県熱海市立多賀小学校　植松仁

■ 本 時 の ね ら い

　円を描くには，どの構成要素がわかればよいか理解し，必要な要素を既習事項を用いながら工夫して求め，作図することができる。

■ 本 時 の 問 題

> ワークシートにある円と同じ大きさの円をかこう。

■ ど の よ う な 見 方 ・ 考 え 方 を 引 き 出 す か

　コンパスを用いて同じ大きさの円を作図するためには半径の長さが必要であり，半径を知るには中心の位置がわからなければならないと，論理的に考えること。

　中心の位置を求めるために，前時までに学習した半径，直径，中心などの意味を活用しながら考えること。

■ ど の よ う に 見 方 ・ 考 え 方 を 引 き 出 す か

　「ワークシートにある円と同じ円を描こう」と子どもたちに投げかけると，中心の位置や半径の長さが一切わからないため，「これでは描けない」などの反論が返ってくると予想される。そこで，何が必要なのかを子どもたちに話させ，明らかにしていくことで，論理的に問題を解決していく考え方を子どもたちの中に意識付けしていきたい。問題文にコンパスを使うことを入れなかったのは，子どもが，必要な要素を考えるきっかけにするためである。

　同じ大きさの円を作図するためには，半径の長さが必要となる。まずは直径を測ろうと，円の真ん中辺りを定規で測る子が多いが，本当に正確な直径であるのか，「多分合っているはず」ではなく，「前の時間に直径は中心を通

る直線って勉強したから……」のように，子どもたちが根拠をもって考える
姿を引き出したい。そこで，「多分」や「なんとなく」ではなく，「絶対」と
いえるものを探そうと投げかけることで，直径を測るために見つけた中心が
正しいのかを確認したり，より正確な中心を見つけるための方法を考えたり
する際には，半径，直径の定義や，「円をぴったり重なるように折ってできた
直線は直径」などの既習事項を活用しながら考えたり，説明したりする姿を
引き出したい。これらの活動を経た上で，円を半分に折って直径を見つける
方法などに気付けるようにしていきたい。

■ **本 時 の 流 れ**

1. 「何に困っているの？」

> ワークシートにある円と同じ大きさの円をかこう。

　子どもたちにこのように投げかけてみた。ここまでに円の定義や半径，直
径の意味を学習し，コンパスを用いて円を作図することも学んできた子ども
たちからは，「簡単じゃん」と返ってきた。しかし，作図を始めようとした子
どもたちの手が止まり「うまくいかない」とつぶやき始めた。

　「何に困っているの？」と聞いてみると「円の大きさがわからない」と返っ
てきた。円を描くために必要な数値を確認する必要が出てきた。

　また，この時点で円を切り抜きたいとつぶやく子がいた。前時までに円の
直径について調べる学習を行ったが，その際に，「直径は円を2等分する」と
気付き，確かめる方法として切り抜いた円を半
分に折ってぴったり重ねる経験している。

　つぶやいた子に話を聞いてみると，直径や半
径を見つけようという明確な目的を持っている
わけではなく，とにかく折ってみれば何かわか
りそうというものであった。なんとなくできて
しまったという流れでは，「なぜそれでいいの

か」といった理由を考えることが難しくなりそうなので，ここではひとまず切らずに考えてみることを確認した。

2.「何がわかれば円が描けるの？」

ここで子どもたちからは，「半径」「直径」「中心」とこれまで学習してきたものが全て出された。しかし，同じ大きさの円を作図するのに必要なのは，半径である。

コンパスの使い方を思い出させながら，何が必要かを話し合わせると，必要なものが整理され，「同じ大きさの円を描くにはもとの円の半径がわかればいい」と確認された。ただ，実際の円を使って長さを測るには，半径よりも直径のほうが測りやすいので，まずは直径を測ることにした。

子どもたちは定規を使って円の直径を測り始めた。

しかし，前時までに学習してきた「直径は円の中心を通り，円の周りから周りまで引いた直線」という考えを使わずに，やみくもに円の真ん中あたりに定規を当てて長さを測っていた。実際の円は直径がちょうど6 cmに設定されていたため，子どもたちは直径6 cmになりそうだと考え，ちょうど6 cmになる場所を探して定規を当てていた。

これでは実際の円の直径を測るのではなく，「なんとなく6 cmだろう」という自分の予想に都合よく当てはめているだけである。

そこで，子どもたちに次のように問いかけた。

ぼくは直径が測れなかった……。

どうして測れなかったの？

前の時間に直径は中心を通るってやったと思うんだけど……。中心がわからないから，直径を測れないんじゃないの？

みんな6cmって言ってるけれど，本当に6cmでいいの？

真ん中を測ったら，6cmだったもん。多分合ってるよ。

多分じゃなくて，絶対に6cmだよっていう証拠はあるの？

このようなやりとりを通して，直径を正確に測るためには中心を見つけなければならないことがはっきりした。

子どもたちの中に「多分そうだろう」「なんとなくよさそう」ではだめで，「前に出てきた○○を使えば，こうなる」のように考えることが大切であることが確認された。

子どもたちが，既習事項を根拠にしながら考えたり，説明したりするような授業の流れにしていくことが大切であると考える。

3.「どうしたら中心がわかるの？」

中心を見つけようと子どもたちは定規やコンパスを使い出した。

以前，正方形に内接する円を作図する際に，正方形の向かい合う辺の中点同士を結んだり，正方形の対角線を引いたりしてできた交点が中心であった経験を思い出し，動き出した。

円の中に強引に直交する2本の直線を引き始める子，円が内接するような正方形を描こうとする子など，試行錯誤が始まった。

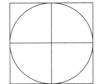

以前なら「できた」と自慢げに声を上げたが，今回は元気がない。それでも今回は既習事項を使っているので，そのことが自分の考えを説明する証拠になると，発表する子が出てきた。

**　前に正方形の角と角を直線で結んで，ぶつかったところが中心だったから，円の周りに正方形を描いて直線を引いて中心を探した。**

　この発表を聞いて多くの子が納得しているようだった。しかし，先程「直径は中心を通るはず……」といった子どもたちが納得のいかない表情でいる。

　その子たちに聞いてみると，「ぼくもやってみたけど，なんか正方形がずれちゃった」と浮かない顔をしている。

　そこで，「みんなが描いた正方形は正確なのかなあ？」と投げかけ，正方形の角が直角になっているか，4つの辺は同じ長さになっているかを確認した。すると，やはり微妙なずれがあることがわかった。

　円に外接する正方形を用いる考えは，既習事項を使って中心を見つけようとする論理的な考えといえる。今回は作図が正確にできないため正しい中心を見つけることができなかったが，ここまで考えた子どもたちを認めたい。

4.「本当に中心だと言えるの？」

　ここでもう一度「多分」や「なんとなく」ではだめで，「絶対に」と言えるものを探そうと確認した。

　既習事項を使って考えたことは褒め，他にも使えそうなものはないか探してみるようにと声をかけた。

　ここで，再度子どもから「先生，円を切ってもいい？」と声が上がった。前半に切りたいと言っていた子だが，今回は目的がもてた様子なので，切ることを承認した。その様子を見て同じように円を切り出す子たちが増えた。

　切り抜いた円を半分に折ってさらにまた半分に折って開く。すると折り目の線がぶつかったところが中心になっているはず。このように考えた子どもたちだが，なぜそれで良いのかという理由を説明することができない。やは

り，既習事項の1つである正方形の対角線を利用した中心の探し方から抜け出せないでいる。

　そこで，子どもたちに次のように投げかけた。

 中心を探しているけど，本当に見つけたいのは何だったかな？

直径や半径を探している。

前にも切り抜いた円を折ったことがあったよ。

直径が円を真っ二つにしているのを確かめたときに，円を切り抜いて，半分に折って考えたときだよ。

円を半分に折った線が直径だった。その真ん中が中心だよ。

　以前「直径は円を真っ二つにしている」と子どもが言った際に，直径で切られた半円が「形も大きさもぴったり同じ」ことを説明するために，折って重ねたことを使って円の直径を見つけ出した。これは，事実と既習の円を2等分した際の学びを関連付けて説明しているので，「絶対」と言えることである。この考えを使って，円を半分に折ってできた折り目の直線が直径であること，それを2等分すれば半径が求められるとわかり，同じ円を作図することができた。

　このように既習事項を使って考えたり，説明したりすることが，曖昧な考え方ではなく，論理的な考え方を育てるために必要であり，そのような数学的な見方・考え方を大切にした授業構成をすべきではないだろうか。

小数

山口県柳井市立柳井小学校　宮川修

■ 本 時 の ね ら い

　数直線や図を用いた小数の大きさ比べを通して，小数の大小を判断することができる。

■ 本 時 の 問 題

　2.1，0.6，3，2.7　を小さいじゅんにならべましょう。

■ どのような見方・考え方を引き出すか

①小数の大きさを捉えるための方法は，数直線や図を用いたり，位をそろえて大きな位から比べたりする方法があること。

②小数を「0.1の幾つ分」，「整数部分と小数部分」で捉えること。

■ どのように見方・考え方を引き出すか

　①については，小数の大きさを捉えるための方法が多様にあることである。数直線や図（リットルますの図や物差しの図など）は，大きさを視覚化でき，量感を育むことにもつながる。位をそろえる比べ方は，小数の加法・減法の学習につながる。数の構成や大小関係を捉えやすい数直線のよさを押さえつつ，多様な方法で小数の大きさを比べることができることも子どもたちに感じさせたい。

　②については，小数の構成を多面的に捉えることである。子どもたちの中には，2.1と2.7の大小関係は判断できても，3との大小関係の判断に迷う子どももいるであろう。「2.1と2.7の大きさ比べはできたけど，3が何番目に大きいかわからない」といった子どもの声を拾ったり，迷っている子どもたちの姿を見とって，「何に困っていますか」と問いかけたりすることで，子ども

の困っていることを引き出し、「どのような見方をすれば大きさを比べることができるか」を問い、小数の構成に着目しようとする構えをつくりたい。

■ 本時の流れ

1.「どうやったら大きさを比べられるかな」

　子どもたちは、前時までに小数を用いて、かさや長さを表したり、小数を数直線上に表したりする学習を行っている。本時は4つの数（3つの小数と1つの整数）の大きさ比べを通して、小数の構成や整数との関連を理解する時間である。

　本時の導入にあたり、4つの数を1度に見せることはしない。自分なりの予想を立て、考えを持たせることがねらいである。ここでは、「今から4つの数を書きます。小さい順に並べましょう」と子どもたちに問いかけ、2.1、0.6、3、2.7の順に1つずつ示していく。その際、提示していく順番も重要である。2.1、0.6と小数同士を提示することで、純小数である0.6のほうが2.1より小さいと判断できる子どもたちは多いと思われる。このように、1つずつ数を提示していくことで、子どもたちにとっては、どちらが小さいか二者択一の判断ですむため、だれでも参加することができる。情報量を少なくして焦点化を図ることで、大小関係を自分なりに整理しながら考えることができる。

　3番目に整数の3を示すことで、小数の2.1と整数の3を比較する違和感を持ちつつも、迷う子どもたちは少ないと思われる。

　最後に2.7を示すことで、今まで3が1番大きいと感じていた子どもたちに迷いが生じることが考えられる。2.7の小数第一位の数である7と比較する子どももいると思われる。このようなときの「え?」「う〜ん」「なんとなくわかる」といった子どもたちの反応に耳を傾けながら見取っていく。以上のやりとりの後、次のように板書する。

> 2.1、0.6、3、2.7　を小さいじゅんにならべましょう。

　問題提示の場面において、子どもたちの声を聞きながら4つの数を1つず

つ提示することで，小数の大小関係に関する子どもたちの興味・関心は高まっていく。子どもたちの学習意欲を高めることは，主体的な学びをつくる上で欠かせない。3が何番目にくるのか迷っている子どもたちがいることを見とった上で，「どうやったら大きさを比べられるか」問いかける。

子どもたちからは，これまでに学習した数直線を用いて比べる考え方，図を描いて比べる考え方，0.1の幾つ分かで比べる考え方などが出てくると考えられる。このとき，教師は，黒板の片隅に子どもたちから出てきた考え方を板書していく（写真1）。

（写真1）

考え方が板書されていることで，子どもたちは，今までの学習を想起しながら，使う考え方を選択することができる。小数の大小関係を明らかにすること（目的）はわかっていても，どのように考えればいいのか，考え方（方法）がわからないといった子どももいる。考え方を問うことで，数直線を使ったり，0.1の幾つ分かで考えたりするといった仲間の発言を聞きながら思考を整理し，これからの学習の見通しを持つことができる。「あ〜，あったね，そういうの」「そのやり方だったらできるかも」といった子どもたちの声が出てくるとよい。学習の導入においては，**何を学習するのかわかるだけでなく，どのように考えていけば良いのかがわかるようにする**ことが大切である。

2. 「どの考えにも0.1が見えますか？」

自分の考えを整理させるために，「自分の考えをノートに書いてみよう」と投げかける。自分の思考を視覚化（見える化）することは，思考を整理する上でも大切な作業である。数直線を使って考えようとしている子どもには，（図1）のような数直線のプリントを配る。

（図1）

子どもたちが書く考えは，大きく分けて次の3つが考えられる。

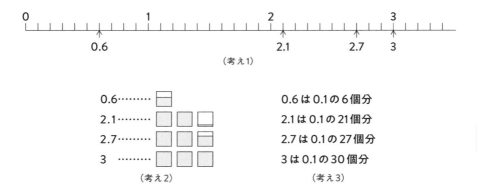

（考え1）

0.6………	☐	0.6は0.1の6個分
2.1………	☐☐☐	2.1は0.1の21個分
2.7………	☐☐☐	2.7は0.1の27個分
3 ………	☐☐☐	3は0.1の30個分

（考え2）　　　　　　　（考え3）

ここからは，それぞれの考えをつないだり，よさを見いださせたりする。一通りの考えを子どもたちが発表した後，「**どの考えにも0.1が見えるかな**」と問う。

> どの考えにも0.1が見えますか。

> 数直線もリットルますも0.1をもとにしていることがわかるよ。

「0.1の幾つ分」で見る見方は小数の学習において核となる見方の1つである。ここでは，それぞれの考えの共通点を問うことで，どの考えにも0.1をもとにして考えられていることを押さえておく。考えをつなぐときには，「共通点は何ですか？」「違いは何ですか？」というように，それぞれの共通点や相違点を問いながら整理していく。

また，数直線が数の大小関係を捉えやすい道具であることも押さえておく
とよい。「数直線がわかりやすい」とつぶやく子どもがいれば，その声を拾っ
て「どうしてわかりやすいと思ったの？」と問い返す。つぶやく子どもがい
ない場合は，「自分なりにわかりやすいなと思った考えはどれ？」と問いかけ
るのもよい。

3.　「2.7のほうが3より大きいですね」

　この時点でも2.7と3の大小関係に悩む子どもがい
る。数直線などで3が4つの数の中で1番大きいこと
が明らかになっているのだが，このような図を用いず
に「位をそろえる」考え方をしている子どもに多い。
（考え4）のように書いている子どもを見てとり，「**3と
2.7は2.7のほうが3よりも大きいよね**」と投げかける。

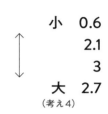

　3と2.7は，2.7のほうが大きいですね。

　位をそろえると3のほうが大きいよ。

　ここでは，子どもの困っていることを見てとり，整数部分と小数部分を混
在させて大きさを比べている誤答を取り上げる。整数部分と小数部分で小数
を捉える見方も，小数の学習において核となる見方の1つである。
　誤答の取り上げ方には上記のように「あおる」方法がある。教師がわざと
間違うのである。「3と2.7の7を比べると，7のほうが3より大きいじゃな
いですか」とより強くあおってもよい。あおられることで，子どもたちは，教
師をなんとか説得しないといけないという気持ちになる。誤答を取り上げる
ことで子どもが特定されることを避けることもできる。全員が気持ちよく学
習できる方法の1つである。

正しい見方・考え方は，誤答から学ぶことが多い。失敗は「『このように考えたら間違いだ』ということがわかる」成果とも言える。子どもたちの困り感や誤答を見取り，それらを積極的に取り上げていきたいものである。

3と2.7は，2.7のほうが3より大きいですね。

位をそろえて，大きい位から比べないといけないよ。

整数のときと同じ考え方だね。

誤答を取り上げた後，子どもたちにどこが間違いなのかを問う。このとき，(1) のように書く子どもがいる。このような場合は，「どうしてそこに3を書いたの？」と問い返す。そうすることで，「3は3.0と同じだから」と，(2) のように書き加えるであろう。このように問い返すことは，既習事項である3と3.0の大きさが等しいということを確認するだけでなく，整数部分と小数部分で小数を捉える見方を育むためである。

| 2.7 |
| 3 |

(1)

| 2.7 |
| 3.0 |

(2)

位をそろえた後は，どのような手順で大きさを比べていくのかを問う。子どもたちの「大きい位から比べていけばいい」「数が同じ場合は，1つ右の位の大きさを比べればいい」といった発言をもとにまとめていく。

「整数のときと同じ考え方だね」といった子どもの発言が出ない場合は，「整数の大きさ比べの方法と比べてどうでしたか」と問い，整数のときに学習した考え方が小数にも適用できることを実感させたいものである。

11

重さ

山口県周南市立徳山小学校　金尾義崇

◼ 本 時 の ね ら い

見た目ではわからない重さを数値化することで，見える量として表す良さ
に気付き，適切な単位を用いることの有用性を捉えることができる。

◼ 本 時 の 問 題

> 重さがことなる7つのおもりがあります。重さの大きいじゅん番になら
> べることができますか?

◼ ど の よ う な 見 方 ・ 考 え 方 を 引 き 出 す か

測定領域の既習事項をもとに単位の幾つ分で比べる見方・考え方を働かせ
ることで，単位を用いて数値化することのよさを実感できるようにすること。

◼ ど の よ う に 見 方 ・ 考 え 方 を 引 き 出 す か

「重さ」の学習は，「測定」領域の長さやかさと同様に，量の比較の仕方や，
単位を用いた測定のよさを捉えることが大切である。ただし，重さは目で見
えない量であるため，重さを比較したい物に出合った子どもたちは，手や天
秤を用いて直接比較をしたり，基準となる物の重さを用いて間接比較をした
りする。

ここで，①複数の物の重さを比較する活動や，②重さの差を求める活動を
設定することで，直接比較や間接比較だけでは解決が難しいことに気付くこ
とができるようにする。そして，既習事項と関連付ける働きかけを行うこと
で，任意単位を用いることに着目させていきたい。単位の重要性に気付いた
後は，どのような量を単位とすると，より課題解決がしやすくなるかを選ぶ
場も設定したい。

このように，適切な単位を用いることの有用性を実感できるようにすることが，本単元のポイントである。

■ 本 時 の 流 れ

1. 「直接比べなくてもわかるよ!」

「重さの順位を推理せよ! I」と題して，赤 (A)，青(B)，黄(C) の3つのおもりを提示し，重さの大きい順番を問う。すると，「見ただけではわからない」という声が飛び交う。これが，これまでの測定領域，長さやかさとの相違点である。そこで，天秤で赤(A) のおも  り2個と青(B) のおもり1個がつり合っている様子を見せる。子どもたちは，「青(B) のほうが重い」「2個分だよ」といった反応を見せた。また，青(B) のおもりより黄(C) のおもりのほうが重いことがわかる様子を見せると，子どもたちは「黄(C)，青(B)，赤(A) の順だ!」「黄(C) と赤(A) は直接比べなくてもわかるよ」などとつぶやいた。ここで，教師は，青(B) のおもりを基準にして間接比較を行ったことを価値付けた。このようにして，重さを比べることに対する関心を高めていくことができるようにした。

ここで，自信を付けた子どもたちは，「簡単だよ。もっと多くてもできるよ」「でも，増えたら難しくなりそうだな」などと話し始めた。そこで，残り4つのおもりを提示し「7つのおもりを重い順に並べられるかな」と問いかけた。子どもたちは，「考える手掛かりがあればできそうだ」と，課題に対して意欲的に向かっていった。

7つのおもりを提示した後，次のようなつり合いの様子を見せた。

これは，間接比較だけでは解決が難しい課題である。この課題に取り組む過程で，子どもたちが，試行錯誤の末，任意のおもりの重さを単位として，それぞれの重さを捉えていく姿を引き出したいと考えた。

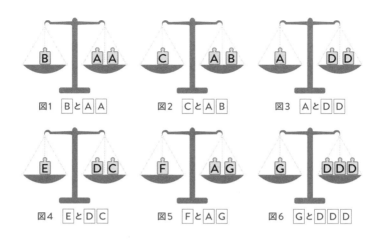

図1　BとAA　　図2　CとAB　　図3　AとDD

図4　EとDC　　図5　FとAG　　図6　GとDDD

2.　「～のおもりの重さを『１』とすると……」

　子どもたちは，追加された情報＜**図3～図6**＞に関心を持ち，重さの順番を予想し始めた。

　ある子どもは，**図3**の写真を手に取り，緑（D）よりも赤（A）のほうが重いことを見つけた。また，黒板に貼ってある他のつり合いの様子から，緑（D）が軽そうだと考えた。その後，グループで次のように交流し始めた。

Ｃ１：（図4を見せて）紫（E）と黄（C）は，紫（E）のほうが重いよ。

Ｃ２：（図2を見て）紫（E）は，青（B），赤（A）より重いのだね。

Ｃ３：緑（D）は，赤（A）より軽いよ。緑（D）が1番軽そうだね。

Ｃ４：（図5を見せて）橙（F）は，赤（A）より重いよ。

Ｃ３：橙（F），赤（A），緑（D）の順番なのはわかったね。橙（F）と黄（C），
　　　　青（B），桃（G）は，どのような順番なの?

　このように，写真を手掛かりに重さの関係を整理していったが，まだ順番を判断できないおもりもあることに気付き，悩み始めた。

　ここで，教師は，基準となるおもりに着目し始めているグループと，間接比較で思考が停滞し始めているグループがあることを見てとれたため，現段

階でどのような気付きがあるかを全体に尋ねた。多様な気付きの中から，任意のおもりの重さを基準にした見方・考え方に着目させるためである。子どもたちは，全体の場で次のように話し合った。

今，どのようなことがわかっているか？

緑（D）が一番軽くて，紫（E）が1番重いことはわかったよ。緑（D）はよく出てくるから，比べやすかった。

赤（A）と桃（G）だと，桃（G）のほうが重いよ。

え？ どうして？

図3と図6を見て！両方，緑（D）とつり合っているから……。

あっ！

　子どもは，直接比較により集めた情報を手掛かりに話しながら，緑（D）のおもりの重さを基準にして比べる方法に気付いていった。教師は，子どもが自力解決の糸口をつかんだと見取り，グループ活動を再開させた。

　このように，子どもたちは緑（D）のおもりの重さを「1」とする，任意単位を用いた比較により，重さの順番を見いだしていった。その後，全体の場で結果を確認すると，子どもは「緑（D）を基準にして考えるとよい」「基準が大切だ！」といきいきと語った。

　C1：赤（A）は，緑（D）2個分，桃（G）は，緑（D）3個分だから，桃（G）のほうが重いんだね!

　C2：青（B）は，赤（A）2個分だったよ。

C3：つまり，青（B）は緑（D）4個分ということだね。

C4：他のも，緑（D）で考えるとできそうだね。

（図2を見て）黄（C）は，緑（D）の2個分と4個分で，6個分だね。

C5：橙（F）は，桃（G）と赤（A）とつり合うから，3個分と2個分で，5個分だよ。

C4：紫（E）は7個分だね。順位が全部わかったよ。

教師は，量を数値化することの有用性を実感させるために，「他につり合う組み合わせはあるか」と問いかけた。すると，子どもたちは次のように口々に述べた。

他に，つり合う組み合わせはあるかな？

青（B）が緑（D）4個分，桃（G）が緑（D）3個分で，4＋3＝7ですよね？
紫（E）が緑（D）7個分なので，片方に青（B）と桃（G），もう片方に紫（E）でつり合います！

（実際に天秤でやってみて）できた！
他にも，緑（D）の幾つ分が左右で同じになればつり合うと思います！

基準を見つけて，数で表すと簡単だね！
そうすると，たし算で考えることができて便利だね！

このように，数値化することによって，物の重さの関係を捉え，つり合う組み合わせを次々に見つけていったのである。子どもたちは，この方法を「幾つ分法」と名付けた。任意単位を用いて数値化することの良さを実感できたといえるだろう。

3.「何を基準にすればいいの?」

　次の課題への見通しを持たせるため，本時
に見い出した比較方法を用いて，身の回りの
物を比べる活動を設定した。子どもは，緑(D)
のおもりを手に取り，それを基準にして，鉛
筆や定規など身の回りの物の重さを意欲的に
調べ始めた。

　あるグループは，3人の鉛筆キャップを比較することにしたが，困ったこ
とが起きた。基準として選んだ緑(D)のアイテムのほうが重く，うまく調べ
ることができなかったのである。教師は，次時の活動への接続をねらい，そ
の様子を全体の場で取り上げた。

　T　：緑(D)を基準にしたけど，比べられなかったんだよ。

　C1：基準にするもののほうが重かったら比べられないよ。

　C2：緑のおもりより，キャップのほうが軽いから難しいんだよ。

　C3：だから，キャップより軽いものを基準にしないと!

　C4：それか，同じキャップを何個も乗せて，例えば4個でつり合った
　　　　ら緑(D)の$\frac{1}{4}$個分といえるよ。

　C5：すごいけど，難しいな!　基準を変えるほうが簡単そうだね。

　次時では，27人の鉛筆を重さの順番に並べる「重さの順位を推理せよ!
II」を行った。子どもは，前時のアイテムより軽いブロックを基準として用
いることを考え，重さを数値化していった。

　その後，g，kg，tの単位や，単位を用いて重さを表すはかりを提示すると，
基準の見方を豊かにした子どもはそれらの有用性を実感しながら，進んで活
用していくことができた。本単元では，このように基準を見いだす過程を大
切にすることで，見方・考え方が働く深い学びが生まれるだろう。

12 分数

東京都日野市立日野第五小学校　尾形祐樹

■ **本時のねらい**

$\frac{1}{4}$ m と $\frac{1}{4}$ の違いについて，もとの大きさに着目して，分数の意味を考える。

■ **本時の問題**

> $\frac{1}{4}$ m をつくろう。

■ **どのような見方・考え方を引き出すか**

①もとの大きさに着目し，1 m をもとにした分数と 1 をもとにした分数の意味の違いを考えること。

②量としての 1 の大きさを決めることで，単位分数の個数で表現できること。

■ **どのように見方・考え方を引き出すか**

①については，もとの長さが異なる紙テープをバラバラに子どもに配り，もとの長さを示さずに $\frac{1}{4}$ m を作る活動を行うことで，「もとの長さが 1 m にならないと $\frac{1}{4}$ にならない」ということに気付かせる。

もとの紙テープは，1 m と 80 cm の 2 種類になっているが，$\frac{1}{4}$ m をつくろうと投げかけた時に，もとを意識せずに 4 等分しようとする子が出ることが，もとを考えるきっかけとなる。

②については，もとが 80 cm を 4 等分したものはもとの長さの $\frac{1}{4}$ であり，もとが 1 m には，20 cm 足りなかったことに気付かせる。「1 m をもとにしていないから，$\frac{\bigcirc}{\bigcirc}$ m では表せないね！」と子どもを揺さぶることで，「1 m をもとにすると 20 cm が 5 つできるから，20 cm は $\frac{1}{5}$ m といえるよ」という新しい見方を引き出す。

■ 本時の流れ

1.「1○○の半分の半分は?」

　　　導入では,昔エジプトで使われていた単位「キュービット」を教える。1キュービットは,エジプトの王様のひじから指先までの長さを表している。1キュービットが1つで1キュービット。1キュービットが2つで2キュービット。「1キュービットの半分で?」と問うと「$\frac{1}{2}$ キュービット」と答えた。

「1キュービットの半分の半分で?」と問うと「$\frac{1}{4}$ キュービット」と答えた。

　キュービットという,子どもにとってあまり馴染みのない単位で導入することで,下位単位で表現することなく,分数で自然に表現したくなる。「2年生までの分数と何が違うかな?」と問い,「分数に単位が付いている」ことに気付かせる。

　「では,今度はみんなが知っている長さmで考えよう」と投げかける。

「1mの半分で何m?」「$\frac{1}{2}$ m」「1mの半分の半分で?」「$\frac{1}{4}$ m」

1mを4等分したうちの1つ分が $\frac{1}{4}$ mになることを確認し,板書する。

2.「$\frac{1}{4}$ mをつくろう」

　もとの長さが80cmと1mの紙テープを列ごとに交互に配り,「$\frac{1}{4}$ mをつくろう」と投げかける。

1 m

80cm

「どうやったら4つに分けられるかなあ」と4等分することに着目させることで，多くの子は紙テープのもとの長さを気にしない。中には，「この紙テープの長さは？」と聞く子がいるかもしれない。もとの大きさを意識している子でありよいところに着目しているが，「どれくらいだろうね」と答えるだけにとどめておき，後で取り上げる。

「隣の子と $\frac{1}{4}$ mが作れたか確かめてみよう」と促すことで，もとの長さの違いに全員が気付く。

3.「どの紙テープが $\frac{1}{4}$ m？」

「先生！　もとの長さが違うよ！」。もとの長さの違いに全員が気付いた時点で，「どの紙テープが $\frac{1}{4}$ mなの？」と問う。「どちらも4等分したうちの1つだから $\frac{1}{4}$ mだ」と思っている子，「もとが1mではないと $\frac{1}{4}$ mにならない」と思っている子，「よくわからない」という子に分かれる。

意見が分かれたところで，もとの紙テープの長さは幾つだったのかに着目した子を改めて取り上げる。

紙テープのもとの長さが知りたかったのはどうして？

だって，$\frac{1}{4}$ m は1mを4等分したうちの1つだから，初めの紙テープの長さがわからないと$\frac{1}{4}$ mはつくれないよ。

このような，もとの大きさに着目した発言を引き出し，全員にもとの大きさを意識させた。

「じゃあ，みんなの紙テープの長さは，幾つだったのか調べてみよう」と伝え，もとの紙テープが1mであるか確かめた。

「私の紙テープは，もとの長さが1mだった」

「ぼくの紙テープは，もとの長さが80cmだった」

ここで，改めてこれまで学習した $\frac{1}{4}$ と $\frac{1}{4}$ m の違いについて，黒板に貼った2種類のアとイの紙テープを見ながら，明らかにしていく。

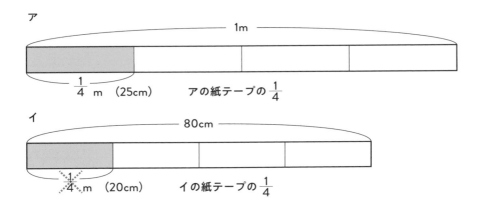

アとイのどちらの紙テープが $\frac{1}{4}$ m？

アの紙テープだよ。だって，アの紙テープは，もとの長さが1mで，1mの半分の半分だから $\frac{1}{4}$ mになるよ。

イの紙テープは，もとの長さの $\frac{1}{4}$ 。だけど，もとの長さが80cmだから，半分の半分は $\frac{1}{4}$ mではないよ。

この後，$\frac{1}{4}$ mは25cmであり，20cmは $\frac{1}{4}$ mではないことを確認する。

4.「イの紙テープの半分の半分は何m？」

「イは，もとの長さが 1 mに20cm足りなかったね」と言いながら，足りない20cmの部分を黒板に書く。ここで間を置いて，子どもの反応を待ちたい。

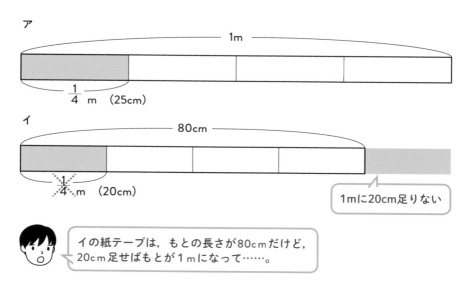

このような気付きが出たら，「何か見えたかな？」とイの全体を1mとして見たときの考え方を共有させていきたい。もし，このような気付きが出なければ，「イの紙テープの半分の半分は$\frac{1}{4}$mではなかったね。mでは表せないのかな？」と直接聞いてもよい。

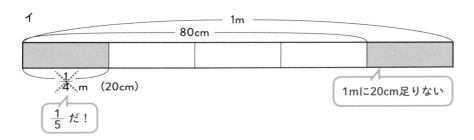

　「1mをもとにすれば，20cmが5つあって，1つが$\frac{1}{5}$mになる」と今までイには，見えなかった1mを見せることで，20cmが$\frac{1}{5}$mになることに気付かせることができる。

5.「$\frac{1}{4}$，$\frac{1}{5}$mがわかったね。次は？」

　授業を単に，まとめで終わるのではなく，解決の過程を振り返り，「新たな問い」を引き出し，次時につなげたり発展させたりして，子どもが追求していく姿勢を育てていきたい。

　「$\frac{1}{3}$mはどうなっているのかな？」「$\frac{1}{6}$mもあるのかな？」といった子どもの問いを引き出して次時につなげていく。

□を使った式

島根大学教育学部附属義務教育学校　鶴原渡

■ 本時のねらい

逆思考となる場面において，未知数を□を使って図や式に表し，文脈に沿って数量の関係を捉え，□に入る数を調べる方法を考えることができる。

■ 本時の問題

> あめを何こか持っています。あめを12こもらったので，あめは全部で20こになりました。はじめに持っていたあめは何こでしょう。

■ どのような見方・考え方を引き出すか

未知の数量を□と見て，図や式に表すという見方・考え方を働かせることで，文脈に沿って逆思考となる場面を捉え，□に入る数を調べられるようにすること。

■ どのように見方・考え方を引き出すか

「あめを何個か持っています。あめを12個もらったので，あめは全部で20個になりました」の話を提示し，「何算で考える問題かな？」と問いかける。「12個もらったので」という言葉などが根拠となり，「たし算」と考える子どももいるだろう。しかし，話にある数で式をつくっても「12＋20＝32」となり，話の場面と合わなくなることに気付く。これまでの考え方を引き出しながら，これまでの考え方だけでは困る場面を子どもたちと共有する。

そして，わからない数の代わりに□を使い，文脈の通りに式や図に表すと，場面を捉えやすくなることに気付けるようにしたい。式や図を活用し，数を代入して□を調べることや，加法と減法の相関関係に着目し，□の数を減法で見つけたり，加法で確かめたりできるようにする。

■ 本時の流れ

1. 「何算で考える話かな?」

　まず，これまでの学習を想起して，既習の内容で考えることのできる場面を問題形式ではなく，話の形にして提示した。

　「あめを5個持っています。お姉さんからあめを7個もらいました。あめは全部で□個になりました」

　子どもたちに□に入る数を尋ねると，子どもたちは「12」と答えた。そこで12となる根拠を聞くと，子どもたちは「5＋7＝12」の式を使った説明を発表した。また，テープ図も使って説明する子どもの発表も取り上げ，□は全体の量を表しており，たし算で考える場面であることを確認した。

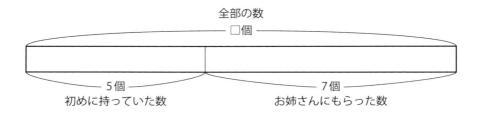

　そして，話の中で「あめを5個持っています。お姉さんからあめを7個もらいました」が「5＋7」の式で表されること，全部のあめの数が□で表され，「12」を表していることを確かめ，場面を表す式の働きについて気付くことができるようにした。

　次に「あめを何個か持っています。あめを12個もらったので，あめは全部で20個になりました」の話を提示した。そして，「これは何算で考える話かな?」と聞いた。子どもたちは「たし算で考える話です」と答えた。「なぜ，そう考えたのかな?」と説明を求めると，「話の中に『もらった』と書いてあるからです」と子どもたちは答えた。これにより，話の場面を加法で表せることを確かめた。

　「それでは，たし算の式をつくってみましょう」と一人ひとりが考えを持つ

時間を設定した。すると式をノートに書きながら、「あれ？」と声を出す子（A児）がいた。その「あれ？」を取り上げ、全体で確認した。A児は、「12＋20＝32で32になりました。でも、32になるのは話からみておかしい気がする」と発表した。この発表を全体で共有し、話に出てくる数値だけでたし算の式をつくることについて困ることがあることを確かめた。

2. 「『?個』を使って、話の通りに式にしてみよう」

「さっきの話と同じように、この話も話の通りに式にできないかな」と、先程の活動と同じように文脈に沿って話の場面を式に表すことを投げかけた。

すると「わからない数があるから、たし算には表せないよ」という意見が出た。その理由を聞くと「初めに『あめを何個か持っています。』と書いてあって、初めのあめの数が書かれていません。たし算にしたいけど、わからない数があるから、式にできません」と答えた。「わからない数の表し方を工夫して、話の通りにたし算に表せないかな」と教師から問いかけると、「わからない数は?個で表せばいい」という意見が出た。「? 個ってどういうこと？」と尋ねると、「『わからない』は『?』でしょ。だから『わからない数』を『?個』で表して話を考えればいいよ」という意見が出た。

この意見をもとに、板書にある話の文に?を記入し、わからない数の代わりに?を使うことを捉えられるようにした。そして、「あめを?個持っています。あめを12個もらったので、あめは全部で20個になりました」と、話を読み直した。すると「これなら、たし算の式にできる」と子どもたちは動き出し、「?＋12＝20」の式をつくることができた。

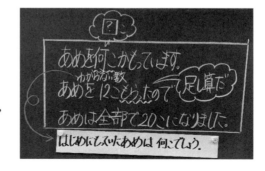

そして、式の説明を求めると、子どもたちは「『?＋12』は、『あめを?個持っています。あ

めを12個もらったので』の話です。『あめは全部で20個になりました。』だ
から，『＝20』が続きます。だから，この話をたし算の式に表すと『 ? ＋12
＝20』です」と答えた。

 ? を使って話の通りに場面を式に表せたことを確認し，「 ? を使って表し
たこの話や式もテープ図で表すことができないかな？」と投げかけた。する
と式や場面を下の図のように表した。

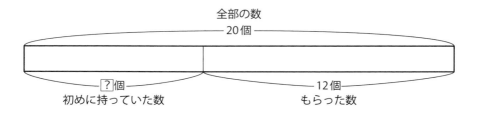

 ? 個を使って場面を図に表したことにより，子どもたちは話や式で表され
ている数の関係をより確かに捉えることができた。

3. 「2つの式には，どんな違いがあるかな？」

 ? 個を使って，場面を図や式に表して確かめた。そこで，「この話が，問
題の話になるように続きを考えてみましょう」と，話として捉えていた文を
問題の形の文へと捉え直す声がけをした。

「あめを ? 個持っています。あめを12個もらったので，あめは全部で20個
になりました。初めに持っていたあめの数は何個でしょう」と，はっきりさ
せたい数を問いかける文を加えながら， ? に入る数を考えることへの意識付
けを図った。

子どもたちは，「全部の20個から，もらった12個をなくせば，初めのあめ
の数がわかります」と説明をし，「20－12＝8　8個」とひき算の式で ? に入
る数を求めた。

 ? に8を入れて「あめを 8 個持っています。あめを12個もらったので，あ

めは全部で20個になりました」と話を読み直し，?に入る数が8になること
を確かめた。すると，「?＋12＝20の?に8を入れても式ができるよ」「テー
プ図の?の中にも8を入れても確かめられるよ」と?に入る数が8になるこ
とを確かめた。?の数は，ひき算で求められると確認した。

「今日の学習では，1つの話にたし算とひき算の2つの式が出てきたね」と
2つの式があることを確認すると，子どもたちは「2つの式の違いは何だろ
う」と2つの式の違いについて考え出した。

子どもたちは「?を使うと，わからない数が途中で出てきても，話の通り
に式にたし算で表すことができます。『20－12＝8』は，?を求めるための
式です」と2つの式の働きについて整理することができた。また文の途中に
わからない数が出てきても，数の代わりの記号を使うことで文脈の通りに場
面を捉え，式や図に表して考察できることを実感していた。

そして，教師から「?に入る数は8だったね。先生は最初50かと思った」
とあえて大きな数を提示した。子どもたちは，「それはないよ，大きすぎる
よ」と反応した。これに対し，「じゃあ，いくつくらいからなら考えられる？」
と問い返すと，「5ぐらいじゃないかな」と反応した。「?に5を入れるとどう
なるかな」と?を使った式に5を入れて式をつくると，「5＋12＝17になるか
ら話に合いません」と答えた。「6だったら？」「7だったら？」「8だった
ら？」と問うと，8の問いに対して「20になるからいいです」と子どもたち
は答えた。この中で，子どもたちは
「?に入る数が変わると，全部の数
も変わっています。この方法なら，
順番に見ていく中で場面にぴったり
合う数が見つかります」と「?」と
「全部の数」の関係を捉えていた。

順番に数を入れて調べたことを式
に並べて板書し，「順番に数を入れて

8を見つける方法と，ひき算で考える方法，比べてみてどうかな？」と問いかけた。子どもたちは「ひき算で考えると，答えがぱっとわかります」「順番に考えるのは，ひき算がわからないときに使えそうです」「答えを確かめるときにもいいと思います」と答えた。

 ?に6が入ったらどうなるかな？

6 + 12 = 18で話に合いません。

 ?に7が入ったらどうなるかな？

7 + 12 = 19でやっぱり話に合いません。

 ?に8が入ったらどうなるかな？

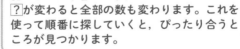 話とぴったり合います。
?が変わると全部の数も変わります。これを使って順番に探していくと，ぴったり合うところが見つかります。

　子どもたちは2年生での学習で，□を使って数の関係を図に表し，たし算とひき算の関係について捉えることを経験している。3年生の学習においては，□を使って文脈の通りに場面を捉え，わからない数について考察できるようにすることを大切にしたい。そこで，数量の関係を表す式の働きがあることにも触れ，式で表現することの良さを具体的な場面と照らし合わせて感じられるようにしたい。

かけ算の筆算（活用・発展）

国立学園小学校　吉村智美

■ 本 時 の ね ら い

「□に適当な数を入れた筆算」と「算数博士の計算」の答えのずれに気付き，筆算の仕組み（部分積）や図と結び付けて発展的に考えることができる。

■ 本 時 の 問 題

> 2□×2□の計算をやってみましょう!

■ どのような見方・考え方を引き出すか

2□×2□の計算を繰り返し行うことで，位ごとに分けたり，部分積をもとに図に表したりする考え方に着目し，今までに学習した筆算の仕組みを活用して，「算数博士の計算」が成り立つきまりや理由を見つけること。

■ どのように見方・考え方を引き出すか

2⑤×2⑤の筆算を確認した後，「算数博士の計算」として，以下のような計算の仕方を紹介する。

①かける数の十の位の数に1を足す。

②十の位同士をかける。（何十×何十）

③一の位同士をかける。

④②と③の答えを足す。

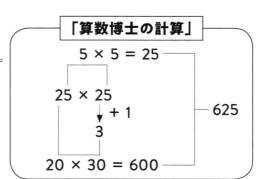

まずは子どもたちに自由に□に当てはまる数を入れさせる。しかし，一の位同士を足して10になる2桁×2桁の組み合わせでないと，「□に適当な数

を入れた筆算」と「算数博士の計算」の答えにずれが生じる。このようにうまくいかない場面を設定することで，計算を繰り返し行ったり，位ごとに分けたり，部分積をもとに図に表したりする見方・考え方を働かせる姿を引き出す。

■ **本時の流れ**

1. 「2□×2□の計算をやってみよう！」

　本時は，2桁のかけ算の活用・発展の1時間として，単元の最後に扱った。まずは，「2□×2□の計算をやってみよう！」と板書し，□に入る数字カードを封筒の中から子どもたちに引かせた。

　引いた数字カードは，どちらも⑤。「え〜どっちも⑤？」「簡単，簡単！」と言いながら，「25×25」の計算をする子どもたち。

　実は，「かけられる数」と「かける数」と書いた封筒の中身は，全て⑤の数字カードにしてある。それは「算数博士の計算」が成り立つ数の組み合わせで，また図に表しやすい数だからである。このように，本時で引き出したい見方・考え方に迫る展開にするためには，子どもたちが着目しやすい数値設定にすることも必要である。

14

　机間指導をしていると，多くの子が2段の筆算で計算をしている中，4段の筆算をしている子がいた。計算が苦手な子である。しかし，「算数博士の計算」が成り立つ理由を考える際，この4段の筆算が図と結び付ける見方を引き出す上で重要となる。

　子どもたちが計算を終えたところで2人の子を指し，2段と4段の筆算を黒板に書かせた。そして「125はどんな計算をしたのかな？」「50はどんな意味？」「100はどんな式になるのかな？」などと，それぞれの筆算の部分積の意味について聞いた。2段の場合はかける数を一の位と十の位に分けて計算していること，4段の場合はかけられる数とかける数をそれぞれ一の位と十の位に分けて計算していることを確認した。

2 段の場合	4 段の場合

```
      25                    25
  ×   25                ×   25
    ─────                  ─────
     125 …25 × 5            25 …5 × 5
      50 …25 × 20         100 …20 × 5
    ─────                 100 …5 × 20
     625                  400 …20 × 20
                         ─────
                          625
```

2. 「算数博士の計算をやってみよう！」

　既習事項を確認したところで，「筆算がよくできているみんなに，算数博士から手紙が届いています」という設定にし，「算数博士の計算」を紹介した。

　1度手紙を読んだだけで，「あっ，すごい！」と反応する子もいれば，「何を言っているんだろう？」という表情の子もおり，まだ温度差がある。まずは，クラス全体を同じ土俵に立たせることが必要である。

　「算数博士の計算」と板書し，先に記した①〜④の手順を書き，「25×25」の計算を用いて，やり方を確認した。すると，「わぁ〜，面白い！」「どんな数でもできるのかな？」「やってみたい！」という声が聞こえてきた。

　そこで，「2□×2□に好きな数字を入れて，算数博士の計算をやってみよう！」という課題を提示した。早速計算を始める子どもたち。「□に適当な数を入れた筆算」と「算数博士の計算」が同じ答えになっているのかを確認している様子。しばらくすると，教室がざわめき始めた。「おかしいな。答えが合わない」「あれ？　できない」というつぶやきがあちこちから聞こえてくる。

　そこで，次のように問いかけた。

　「困っている人がいるみたいだけど，どうしたの？」

　「筆算と算数博士の計算の答えが同じにならない！」

　「みんなそうなのかな？」

「ぼくは，できたよ！」

「じゃあ，できるときとできないときがあるっていうこと？」

　まずは，子どもたちが入れた数字で答えが同じにならなかった場合のかけ算の式を言わせ，板書をした。次に，「□に適当な数を入れた筆算」と「算数博士の計算」の答えが同じだった式を出させていった。

できない式	できた式
2⃞9 × 2⃞4	2⃞6 × 2⃞4 = 624
2⃞7 × 2⃞6	10
2⃞7 × 2⃞7	2⃞1 × 2⃞9 = 609
2⃞6 × 2⃞4 ➡ できる！	10
2⃞8 × 2⃞3	2⃞8 × 2⃞2 = 616
	10

　すると，次のようなつぶやきが聞こえてきた。

あっ，きまりが見えた！

まだ気が付いていない子のために何かヒントはないかな？

一の位に注目するとわかるよ！

本当だ。一の位同士を足して，10だとできる！

足して10より大きくても，小さくてもできないよ。

このように，「□に適当な数を入れた筆算」と「算数博士の計算」との答え
にずれが生じる場面を設定することで，子どもたちの「解決したい！」「知り
たい！」という思いが強くなる。そして，「算数博士の計算」ができない式と
できた式を比較することで，子どもたちがかけられる数とかける数の一の位
の数に着目し，どのような関係のときに，「算数博士の計算」が成り立つのか
きまりを見つけることができた。

3. 「どうして算数博士の計算ができるのかな？」

「算数博士の計算」が成り立つきまりに気が付いた子どもたちの関心は，「ど
うして，一の位同士を足して10になる数だと，算数博士の計算ができるんだ
ろう？」という疑問へと発展していった。

　そこで，「わからないときは，どうしたらいいかな？」と聞いた。すると，
「図を使って考える……」という返答。日頃から，何かわからないことがあっ
たら「図やグラフ，表で考えるとよい」ということを指導しているためであろ
う。2桁の筆算を考える際にもたくさんの図を使って考えてきた。どのよ
うな図を描いたらよいかを考え始める子どもたち。困っている様子だったの
で，次のようなヒントを与えた。「この黒板の中に書いてあることで，図に表
せそうなものはないかな？」。授業の前半に書いた4段の筆算の方へと目を向
けた子がいた。「前に授業で図に描いたことがある」と既習内容を思い出した
様子。

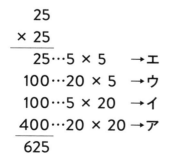

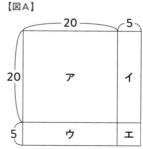

【図A】

この図を使って算数博士の計算を説明できるかな？

あっ，移動させると30が見えたよ！

イの横にウを置くと
20＋5＋5で30になるよ！

どういうこと？

20×30と5×5の計算が見える！
算数博士の計算と同じだね。

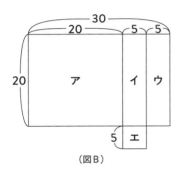
（図B）

（図B）は，25×25のかけられる数とかける数をそれぞれ一の位と十の位に分けて計算した部分積の図である。このように，位ごとに分けて計算したり，部分積をもとに図に表したりする見方・考え方を働かせることによって，「算数博士の計算」と結び付け，「どうして算数博士の計算が成り立つのか」という理由をみんなで追求することができた。

　授業では，ただ「面白い！」だけにとどまらず，「なぜそうなるのか知りたい！」という子どもたちの思いを大切にしたい。そして疑問を持ち，その疑問を解決していこうとしているとき，数学的な見方・考え方を働かせ，数学的に考える資質・能力を育成することができると考える。

　授業の終盤には，「十の位を変えたらどうなるのかな？」と次なる課題を見つけている子がいた。新しい課題に出合ったとき，既習事項をもとに考えたり，わかっていることと結び付けて考えたりする姿勢を大切にしていきたい。

14

三角形と角

滋賀県大津市立瀬田東小学校　森滋彦

■　本時のねらい

　円を使って描いた三角形が，正三角形や二等辺三角形である理由を，それらの三角形の性質や円の性質と組み合わせて考えることができる。

■　本時の問題

> かかれた円の中心と，円しゅう上の2点をむすんだ三角形のとくちょうについて調べよう。

■　どのような見方・考え方を引き出すか

①円の半径は中心からの長さがどこも等しいという，「円と球」の単元で学習した内容を想起させ，三角形の性質と関連付けること。

②円の半径は中心からの長さがどこも等しいという性質と，作図によって描いた左右2つの円が同じ半径を持つ円であるということを関連付けること。

③円の半径にならない三角形の1辺を，半径の長さと同じ長さにすることで正三角形が作図できるということ。

■　どのように見方・考え方を引き出すか

　考え方を引き出すためには，単元を通して次のような言葉を使いこなせるようにしておくことが重要である。

　「辺」，「頂点」，「3つの辺の長さが同じ三角形を正三角形」，「2つの辺の長さが同じ三角形を二等辺三角形」。

　【①について】本時においては，「円の半径は中心からの長さがどこも等しい」という，「円と球」単元で学習した内容を想起させることが重要な手立ての1つである。そこで本時ではまず，円の中心と，円周上にとった2つの頂

点を結んだ三角形が作図された図を提示し，その三角形が二等辺三角形になる理由を考えさせる。

【②，③について】同じ長さの半径を持つ左右２つの円のそれぞれの中心と左右の円の交点の３点を結んだ三角形を提示し，描かれた三角形が何三角形かを考えさせる。その際，子どもたちには，自由に測ったり書き込んだりできる左右の円と正三角形が描かれた図を渡し，いろいろと試行錯誤させることで，その三角形の１辺の長さが，どれも円の半径になっていることに気付かせる。さらにその後，同じ絵を作図させることで，三角形の辺と円の半径の関係についての理解を深めたい。そして，これらの思考を通して最後には，１つの円において，三角形の半径以外の１辺の長さが，半径と同じ長さになるときに，円の中に正三角形が描けることを理解させたい。

■ 本時の流れ

1. 「二等辺三角形の2辺と，円の半径の関係に気付けるかな」

黒板に円を１つ描き，教師が「この円の中心を１点，円周上に２点の３点を結んでできる三角形は何三角形でしょう？」と問いながら，実際に三角形を描いて見せた。

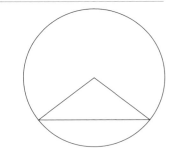

図形のセンスがよい子どもは，ハッと目を輝かせる。その時点で，三角形の２辺が円の半径と重なっており，２辺の長さが等しいことに気付いていた。しかし，他の多くの子どもたちはまだそのことに気付けないでいた。

そこで，子どもたちに発見の喜びを味わわせるために，円の中に描かれた三角形が二等辺三角形であると気付いた子どもに問いかける。

直接答えを言わずに，何三角形なのかを
みんなが気付けるヒントを考えよう。

円の半径の特徴と，二等辺三角形がどんな
三角形だったか思い出してみて。

円の半径は，中心からの長さがどこも等しい。

2つの辺の長さが等しい三角形を二等辺三角形という。

　子どもたちが，円の半径の特徴と二等辺三角形の定義を答えた。その瞬間，教室のあちこちで「あ〜！　わかったぁ〜！」と，声が上がる。

　そこで，わかった子どもに説明させた。

　「二等辺三角形の長さの等しい2辺が，円の半径になっている。円の半径は中心からの長さがどれも等しいので，二等辺三角形の2辺は円の半径だから，その2辺の長さは等しい」

　二等辺三角形の2辺の長さは等しいという定義と，円の半径の特徴が子どもたちの中でつながった瞬間である。

2.　「2つの円と三角形の3つの辺にはどんな関係があるのかな」

　次に，等しい大きさの2つの円の間に描かれた三角形の絵を見せながら子どもたちに尋ねた。

　「円の間に描かれた三角形は，何三角形でしょう」

　すると子どもたちは，

　「正三角形のように見える」と答えた。

　この段階では，子どもたちは図を見

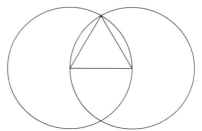

た印象でしか話ができない。

　しかし，印象だけの話では，数学的な見方・考え方は育たない。

　そこで，さらに次のように尋ねた。

　「もしこの三角形が本当に正三角形であるならば，なぜそう言えるのか？その理由を考えよう」

　そして，同じ絵が描かれたプリントを配布した。

　子どもたちは一斉に，定規やコンパスで三角形の辺の長さを調べ始めた。

　そして子どもたちから声が上がる。

　「あっ！　この三角形はやっぱり正三角形だ！」

　「ほんとだ，３つの辺の長さがみんな同じ長さだ！」

　定規やコンパスで長さを測った子どもがそのように言った。

　そこで，次のように問題２を子どもたちに問いかけた。

 コンパスや定規で長さを測らなくても，正三角形の3つの辺の長さが同じ長さであるということを説明できるかな？

３つの辺は全て，円の半径になっている。

 どういうこと？

問題1でもやったように，
正三角形の底辺と左の辺は，左の円の半径，
正三角形の右の辺は，右の円の半径になっている。

正三角形の底辺は，右の円の半径にもなっているよ。

3つの辺が円の半径になっていたら，どうなの？

定規やコンパスで長さを測らなくても，
正三角形であると言える。

どうして？

だって，円の半径は中心からの長さがどこも等しい。
左と右の円は同じ大きさの円なので，左右の円の
半径は全て長さが等しい。

だから，3つの辺は，全て円の半径になっているので，
どれも長さが等しいから，正三角形になる。

　ここでは初めに，定規やコンパスを使って，3つの辺の長さはどれも等しい，つまり，描かれた三角形がまぎれもない正三角形であるということを，子どもたちにまず確認させる必要がある。そして，「測らなくても正三角形であるかどうか」と尋ねることで，問題1同様，子どもたちは三角形の周りに描かれている円に目を向ける。子どもたちに円を意識させることが，本時における見方・考え方につながる重要な要素である。

3. 「作図してみよう」

　次に，子どもたちに実際にコンパスだけで正三角形を作図させる。

　まずは左の円　　　　　　次に右の円

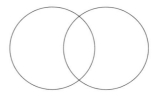

そして，円が重なったところと，円の中心を結んで……

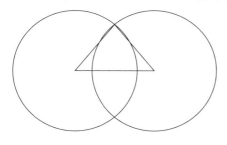

「あれ？　正三角形にならない？」
と，円の中心と円周をずらしてしまい，左絵のように，作図してしまう子どもがいることも考えられる。

　そのような子どもには，もう一度先ほどの問題2で発見した，

「円の半径は中心からの長さがどこも等しい。左と右の円は同じ大きさの円なので，左右の円の半径は全て長さが等しい」

という子どもの言葉を振り返らせ，2つの円の円周をそれぞれの円の中心に重ねる必要があることに気付かせることで，三角形の辺と半径の関係の理解をさらに深めたい。

4.「1つの円の中に正三角形を描くには，どうしたらよいか考えよう」

　上記のように，授業の終盤に子どもたちに問う。

　子どもたちは「2辺は円の半径になっているから必ず同じ長さになる」「残りの，円の半径にならない1辺をどうしたらいいのかな？」など答える。

　このように，円の半径にならない三角形の底辺に着目させたい。

　そして，子どもたちにはこれまで学習してきたことをもとに，「半径にならない底辺も，半径と同じ長さにすることで，正三角形が描ける」という見方・考え方に広げていきたい。

> C：だって，半径にならない1辺だって，問題2の右の円の半径でしょ。
> T：どういうこと？
> C：左の円だけに三角形を描いたとき，中心を通らない一辺（底辺）は，右の円を重ねたら，その円の半径になるでしょ。
> 　だから，3つの辺は全て，同じ大きさの円の半径になっていて，長さが等しい。だから，描いた三角形は，正三角形です。

棒グラフと表

福岡県福岡市立長丘小学校　瀧澤康介

■ 本 時 の ね ら い

　複数の棒グラフを組み合わせたグラフ（積み上げ棒グラフ，集合棒グラフ）からデータの特徴や傾向を読み取り，説明することができる。

■ 本 時 の 問 題

> 　けがをしないように気を付けてもらうための取り組みは，どのように行ったらよいのだろうか。

■ どのような見方・考え方を引き出すか

　自分にとって必要な資料の条件を考えたり，分類の観点を選んだりするなど，**データを整理する観点に着目**し，<u>**身の回りの事象について，表やグラフを用いて考察**</u>すること。

■ どのように見方・考え方を引き出すか

　子どもたちが，データを整理する観点に着目できるようにするためには，表やグラフを作成し考察する目的意識を持っていることが重要である。さらには，その目的意識が，「身近な問題を解決する」ということであると，子どもたちは事象を自分ごととして捉え，より主体的な姿を引き出すことができる。

　そこで，本時では，全校にけがの防止を呼びかける取り組みを行う際の効果的な方法を考えていく。具体的には，「どこに，どのようなポスターを貼ればよいか」「いつ，どのような校内放送をすればよいか」といったことである。

　そうすることで，子どもたちは，けがの内容とけがの発生場所や発生時間，けがをした学年など，目的に応じて資料を収集したり，観点を選んだりすることができる。さらに，身近な問題だからこそ，「なぜ，その場所で，そのけ

がが多いのか」ということを棒グラフから考察することができると考える。

　本時では，複数の棒グラフを組み合わせたグラフである「積み上げ棒グラフ」と「集合棒グラフ」を扱う。この2つのグラフは，簡単に言えば，2次元表を棒グラフに表したものである。「積み上げ棒グラフ」は，同じ項目内の要素を積み上げるようにして表現したグラフであり，「集合棒グラフ」は，1つの項目について複数の棒を並べて表現したグラフである。これまで，算数の教科書で目にすることはあまりなかったが，学習指導要領（H29）の「第3学年の内容 D(1)表と棒グラフ」の（内容の取扱い）に「複数の棒グラフを組み合わせたグラフなどにも触れるものとする」と追加されたため，今後，教科書などでも扱われることが考えられる。

　この複数の棒グラフを組み合わせたグラフは，3年生の子どもたちが作成することは難しい。しかし，2次元表のデータと関連付けながら指導することで，より具体的にグラフから読み取れることを表現できるものである。

■ **本時の流れ**

1.　「どこで，どのようなけがが起こっているのかな」

　本単元では，けがの発生が多くなっているため，ポスターや校内放送でけがの予防を呼びかける取り組みを考えていくことを目的としている。

　前時は，「けがの種類と発生場所」「けがの種類と発生時間」「けがの種類と学年」を，保健室のデータをもとに2次元表にまとめている。

　本時では，前時の2次元表をもとにして作った複数の棒グラフを組み合わせたグラフ（積み上げ棒グラフ，集合棒グラフ）から，「どこに，どのよ

〇〇小学校で起こっているけが　（ほけん室調べ）

〇すりきず〔運動場・休み時間・3年〕　〇きりきず〔教室・じゅ業中・4年〕
〇すりきず〔体育館・じゅ業中・1年〕　〇打ぼく〔ろうか・放か後・5年〕
〇ねんざ〔体育館・じゅ業中・3年〕　〇すりきず〔運動場・じゅ業中・2年〕
〇さしきず〔教室・じゅ業中・2年〕　〇すりきず〔運動場・休み時間・6年〕
〇打ぼく〔体育館・じゅ業中・3年〕

けが調べ　　　　　　　　　（人）

	運動場	体育館	教室	ろうか	合計
すりきず	24	13	2	8	47
きりきず	14	5	6	0	25
打ぼく	17	12	0	2	31
ねんざ	6	15	1	4	26
さしきず	3	2	3	0	8
合計	64	47	12	14	137

うなポスターを貼ったらよいか」「いつ、どのような校内放送をしたらよいか」ということをグラフから読み取り、表現できるようにしていく。

そのために、授業の導入時に、前時に作成した「けがの種類と発生場所」

けが調べ　　　　　　　　　（人）

	じゅ業中	休み時間	放か後	合計
すりきず	10	32	5	47
きりきず	6	16	3	25
打ぼく	12	17	2	31
ねんざ	14	12	0	26
さしきず	3	4	1	7
合計	43	83	11	137

の２次元表を提示しながら、「どこで、どのようなけがが起こっているのかな」と問いかけた。そうすると、子どもたちからは、「やっぱり、運動場や体育館でたくさんけがが起こっているね」「体育館では捻挫をする人が意外に多いな。跳び箱を跳んで着地するときに捻挫をするのかな」などの発言が出された。

そこで、「けがを予防するための取り組みとして、ポスターを作って、全校のみんなにけがに注意してもらおうとしていますが、どこに、どのようなポスターを貼ればよいのでしょうか」と問いかけた。そうすると、子どもたちからは、「体育館で捻挫をする人が多いので、体育館に捻挫に注意してもらうポスターを貼ればよい」「でも、体育館ではすり傷や打撲をする人も多いよ」「すり傷や捻挫は廊下でも起こっているよ」といった２次元表の中の数値の大きさに着目した発言が出てきた。

2. 積み上げ棒グラフ、集合棒グラフの提示

そのような中で、「表の数字ではわかりづらい」「どこで、どのようなけがが多く起こっているか、棒グラフみたいにぱっと見てわかるものがあるといいな」と、もっと詳しく読み取りたいという思いの発言が出てきた。

そこで、「けがの種類と発生場所」の２次元表をもとにした新たなグラフである「積み上げ棒グラフ」を提示した。積み上げ棒グラフを見た子どもたちは、初めは戸惑うが、じっくりとグラフをみた上で、「やっぱり、運動場でのけがが多いな」「廊下では、すり傷をする人が多いね」と積み上げ棒グラフか

らすぐに読み取れることを発言し
てきた。

　そこで，けがの種類による人数
の多い少ないがわかりにくい体育
館のけがについて，「体育館では，
どのようなけがが多いのかな」と
問いかけた。そうすることで，子

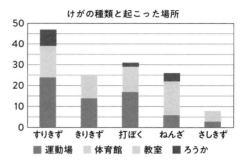

けがの種類と起こった場所

■ 運動場　■ 体育館　□ 教室　■ ろうか

どもたちから，「体育館では捻挫が多そうだけど，すり傷や打撲も多そう」
「運動場のけがなら，けがの種類ごとの人数の多い少ないが横に並んでいるの
でわかりやすいのにな」といった「場所ごとのけがの種類の多い少ないがわ
かりにくい」「棒が横に並んでいると人数の多い少ないが比べやすい」という
子どもの思いを引き出すようにした。

　そこで，「けがの種類と発生場所」の「集合棒グラフ」を提示した。集合棒
グラフを見た子どもたちからは，「体育館では捻挫，すり傷，打撲の順番で多

いのがわかるけど，それぞれの
人数はあまり変わらないね」「捻
挫はほとんど体育館で起こって
いると言ってもいいくらい」と
集合棒グラフだからこそ読み取
れることを引き出すことができ
た。

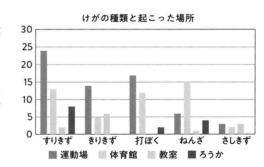

けがの種類と起こった場所

■ 運動場　□ 体育館　□ 教室　■ ろうか

（集合棒グラフを提示して）どのようなことがわかりますか。

捻挫はほとんど体育館で起こっていると言ってもいい。

廊下ではすり傷が多いけど，運動場に比べると少ないね。

さらに，２つのグラフを順に提示し，比較していった。そうすることで，「けがの種類の中で，『どこでそのけがが多く起こっているか』は，初めのほうのグラフ（積み上げ棒グラフ）がわかりやすいけど，『それぞれの場所でのけがの種類ごとの多い少ない』は，後の方のグラフ（集合棒グラフ）がわかりやすい」といったグラフの相違点に着目した発言があった。この発言から，子どもたちは，新たに目にした２つのグラフのそれぞれの特徴やよさを見いだすことができたと考えられる。

3. 積み上げ棒グラフ，集合棒グラフの分析

　前時の学習では，「けがの種類と発生場所」だけでなく，「けがの種類と発生時間」「けがの種類と学年」についても，２次元表に整理していた。

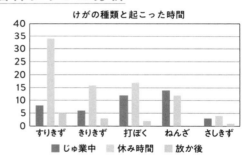

　そこで，それらの表についても，積み上げ棒グラフや集合棒グラフを作成しておき，グループごとに分析をしていくようにした。分析をする際には，「いつ，どのようなけがが多い」ということだけでなく，「なぜ，その時間にそのけがが起こることが多いのか」といったことまで考えるように促した。そうすることで，この単元のゴールである「けがを予防する取り組み」に，子どもたちの分析結果をつなげ活用することができると考えた。

　子どもたちからは，「休み時間にすり傷や切り傷が多いのは，運動場で走り回って遊んでいるからではないかな」「打撲や捻挫が授業中に多いのは，体育の学習中に起こっているのではないかな」「他の学年より４年生で切り傷が多いのは，彫刻刀を使っているからではないかな」と生活の様子とけがの発生とを結び付けた分析結果を引き出すことができた。

休み時間のすり傷や切り傷は，本当に運動場で起こっているのかな。

「けがが起こった時間」と「けがが起こった場所」で調べ直そう。

　また，「休み時間に多いすり傷や切り傷は，本当に運動場で遊んでいてけがをしているのかな。それが本当か確かめられないかな」「4年生の切り傷は，図工の授業中に起こっているのかな」などと問い返すことで，「けがの起こった時間と場所」「けがの起こった時間と学年」を調べればはっきりするのではないかな」と，必要な資料の条件を考えたり，データを整理する観点に着目したりしながら，保健室のデータから2次元表を作り直して分析しようとする姿も引き出すことができた。

4.「どこに，どのようなポスターを貼ったらよいかな」

　グラフの分析結果を交流した後で，その結果をもとにポスターを作成していく。その際，「どこに，どのようなポスターを作って貼ったらよいですか」と問うことで，「体育館には跳び箱を跳んでいるところの絵を描いて，『着地に気を付けて』と言葉を書いたらよい」「休み時間の始まりに，転ばないように注意することを校内放送したらよい」といったグラフを分析し見いだしたことをもとにした発言が引き出された。

　このようにすることで，学んだことが自分たちの生活に生かされ，実感を伴った理解と，さらに学ぼうとする意欲を促すことができる。

16

メートル法

関西大学初等部　尾﨑正彦

■ 本時のねらい

　長さ，かさ，重さの単位を比較することで，それぞれに共通する関係に気付き，単位についての理解を深めることができる。

■ 本時の問題

> 　一番大きいたん位は「t」です。次に大きいたん位は「kg」です。「t」をノートの右はしに書いたとき，「kg」「g」「mg」はどこに書けばいいですか。

■ どのような見方・考え方を引き出すか

①長さ，かさ，重さの別々の単位を比較することで，「m」「k」の接頭語が共通していると気付くこと。

②基準となる長さ，かさ，重さの単位と「m」の間，「k」の間にはそれぞれ1000倍の関係があることや，その逆の関係に気付くこと。

■ どのように見方・考え方を引き出すか

　「1㎜」と「1m」の単位の大きさには1000倍の関係がある。この両者の関係をノートに「1㎜□□□1m」と記述する。□1つ分を10倍と考える。このルールで長さの単位をまとめていくと，「1㎜□□□1m□□□1km」となる。これが，本時の見方・考え方を引き出す前時までの布石となる。

　本時は，重さの単位を大きい単位から順にノートに記述させていく。「1mg□□□1g□□□1kg□□□1t」と重さの単位が完成する。この場面で，前時の重さの単位と比較する。両者を比較することで，「重さにも長さにも，どちらにも『m』が付いている」という見方を引き出す。この見方を価値付け，「長さと重さにはmが付くんだね」と限定的確認を行うことで，「『m』は水の

かさにも付いているよ」と，長さと重さの単位の共通点への気付きを，水の
かさへと拡張していく見方・考え方を引き出していく。

■ 本時の流れ

1.「重さの単位『kg』はどこに書けばいいかな」

前時，子どもたちは長
さの単位を右のように整

1mm	×10	×10	×10	1m	×10	×10	×10	1km

理した。1ます分の空白を単位が10倍の関係と捉えた。「1mm」「1m」「1
km」はそれぞれ1000倍の関係になる。各単位相互は3ます分の間を空ける。

本時は重さの単位を取り上げる。1番重たい単位は「1t」である。「1t」
の次に重い単位が「1kg」であることを確認し，次のように投げかけた。

「『1t』はノートの右端に書きます。『1kg』はノートのどこに書けばいい
ですか」

子どもたちは，「1tの左に3ます空けて，その隣に1kgを書けばいい」
と説明した。そこで，「本当に3ます空ければいいの?」と子どもの考えを揺
さぶる。すると，前時の学習とつなげる見方が生まれてきた。

「だって，長さの単位のときは，10倍で1ます分空けたでしょ」

「1tは1000kgでしょ。これって1kgの1000倍。1000倍だから3ます分の
間を空ければいいんだよ」

「10倍で1ます，100倍で2ます，1000倍で3ます分になるね」

長さの単位と重さの単位の両方に共通する見方で，ノートに単位を記述す
ることへの指摘が生まれてきた。種類は異なるが，2つの単位の記述方法に
共通性を持たせる見方が生まれたことを称賛し価値付けた。これは，新たな
共通点への気付きを引き出す布石とするためである。

この後，「1g」「1mg」の単位を前述の見方を使って整理した。「1mg」「1
g」「1kg」相互もそれぞれ1000倍の関係がある。従って，いずれも単位相互
の間を3ます分空けることになる。

1mg	×10	×10	×10	1g			1kg			1t

2. 共通点への気付きを価値付け称賛する

　「1mg」までの重さの単位の位置付けが完成した時点で，子どもから「面白いことがある」と声が上がった。子どもたちが説明した。

　「全部3ますずつ間が空いている」

　「1mgと1gの間が3ます。1gと1kgの間も3ます。1kgと1tの間も3ます空いているよ」

　子どもたちは，重さの各単位同士を横に見たのである。その結果，いずれの単位相互も1000倍の関係，つまり3ます分ずつ間が空いていることに気付いた。この気付きを価値付け称賛した。すると，この価値付けが新たな見方・考え方への気付きを引き出すことへとつながった。

　子どもの中から，「だったら，もっと面白いことがある」と声が上がってきた。その声をきっかけに子どもたちが動き出す。

だったら，もっと面白いことがあるよ。

 私も面白いことを見つけました。昨日の長さの単位にも「m」が付いているよ。

本当だね！ 重さにも長さにもどちらにも「m」が付いているんだね。面白いね。

昨日の勉強と今日の勉強を比べて，同じところを見つけたのですね。とてもすばらしい考え方ですね！

　本時で取り上げたのは「重さ」の単位である。ところが，子どもたちは前時に学習した「長さ」の単位と「重さ」の単位を主体的に比較し，そこに共通する部分があることに気付いた。複数のメートル法の単位の共通点を探る見方・考え方が生まれた。

3. 価値付けと限定的確認が新たな見方・考え方を引き出す

　「長さ」と「重さ」の単位には「m」の接頭語が共通すると気付いた見方・考え方を価値付けた。さらに，新たな見方・考え方を引き出すために次のような限定的な確認の投げかけを行っていく。

「長さ」と「重さ」には両方に「m」が付くんだね。

「m」が付くのは「長さ」と「重さ」だけじゃないよ。

そうだ！　水の「かさ」にも「m」が付いているよ。

「長さ」「重さ」「かさ」の3つどれにも「m」が付いているんだね。面白いね。

　これまでに取り上げた単位は，「長さ」「重さ」だけである。ところが，前述のような限定的な確認を行ったことで，子どもたちは対象場面を「(水の) かさ」へと自ら拡張していった。

子どもたちの単位に対する見方・考え方を拡張していくことができた。このような子どもたちの見方・考え方の拡張を，価値付け・称賛していった。これが，新たな見方・考え方を引き出すことにつながっていく。

4. 見方・考え方の拡張が単位相互の逆の見方を引き出す

　「長さ」「重さ」「かさ」の3つに「m」の接頭語が共通することに気付き，単位相互の関係の新たな見方を引き出した。

> 逆に見ると面白いよ。1000倍すると「m」が消えるよ。

> 「重さ」の1mgは1000倍すると1gで「m」が消えるね。

> 「長さ」も1mmを1000倍すると「m」が消えるね。

> 「かさ」も1mLを1000倍すると「m」が消えるね。

　「1g」「1m」「1L」の単位には，先程のような共通する接頭語はない。しかし，子どもたちは「m」の接頭語が共通する「1mg」「1mm」「1mL」を基準として「1g」「1m」「1L」の単位を見直したのである。すると，いずれの単位も1000倍すると「m」が消えるという共通点があることに気付いた。同じ単位の相互間の関係の共通点に気付くという新たな見方・考え方が生まれてきた。

5. 子どものネーミングが新たな見方を引き出す

　「長さ」「重さ」「かさ」の3つには，「m」の接頭語が共通することを子どもたちは見つけ，次のようにネーミングした。これが，さらなる見方の拡張を引き出すことへとつながっていった。

「長さ」「重さ」「かさ」の3つに「m」が付いているから，これは「m3兄弟」だね。

だったら，兄弟は他にもあるよ。「1km」「1kg」も「k」が付いているから兄弟だよ。

「m」は3兄弟だから，「k」も3兄弟かもしれない。「かさ」にも「kL」があるんじゃないかな。

「かさ」にも「1kL」という単位があります。

　「m3兄弟」というネーミングが，子どもたちの視点の対象を「k」にも拡張していくことにつながった。また，「3兄弟」の「3」にこだわることで，「かさ」にも「k」の付く単

1mm	1m	1km
1mg	1g	1kg
1mL	1L	1kL

位があるのではないかという類推的な見方を引き出すことにもつながった。これらの見方・考え方も価値付け称賛していった。

　その後，子どもたちはさらに追求を続け，「tにも兄弟がいる」「cにも兄弟がいる」「dも兄弟がいる」と見方・考え方の拡張を楽しんでいくことができた。単位相互の関係を整理するために「重さ」「長さ」の順で順次考えさせたこと，2つの単位の比較で生まれてきた共通点への気付きを限定的に確認したことや見方・考え方を価値付けたことで，子どもたちの新たな見方・考え方を連続して引き出すことにつながったと考えられる。

17

執筆者一覧 (執筆順)

山本　良和	筑波大学附属小学校	はじめに
小出水公宏	宮崎県宮崎市立檍北小学校	1
宮澤　幸一	長野県長野市立大豆島小学校	2
森本　隆史 *	筑波大学附属小学校	3
林田　晋	熊本県熊本市立画図小学校	4
三田美乃里	愛知県名古屋市立東海小学校	5
河内麻衣子 *	東京都豊島区立高南小学校	6
千葉　修平	和歌山県田辺市立芳養小学校	7
平川　賢 *	千葉県千葉市立山王小学校	8
植松　仁	静岡県熱海市立多賀小学校	9
宮川　修	山口県柳井市立柳井小学校	10
金尾　義崇	山口県周南市立徳山小学校	11
尾形　祐樹	東京都日野市立日野第五小学校	12
鶴原　渡	島根大学教育学部附属義務教育学校	13
吉村　智美	国立学園小学校	14
森　滋彦	滋賀県大津市立瀬田東小学校	15
瀧澤　康介	福岡県福岡市立長丘小学校	16
尾﨑　正彦 *	関西大学初等部	17

＊：3年　編集理事

子どもの数学的な見方・考え方を引き出す算数授業

各学年収録単元

子どもの
数学的な見方・考え方が働く
算数授業

3年

令和2年3月9日　初版第1刷発行

企画・編集　全国算数授業研究会
発行者　　錦織圭之介
発行所　　株式会社　東洋館出版社
　　　　　〒113-0021　東京都文京区本駒込5丁目16番7号
　　　　　営業部　電話03-3823-9206　FAX03-3823-9208
　　　　　編集部　電話03-3823-9207　FAX03-3823-9209
　　　　　振替 00180-7-96823
　　　　　URL http://www.toyokan.co.jp
装丁　　　新井大輔
編集協力　株式会社　エディポック
印刷・製本　岩岡印刷株式会社

ISBN 978-4-491-04060-8
Printed in Japan